PORT DE DIEPPE.

MINISTÈRE DES TRAVAUX PUBLICS.

PORTS MARITIMES
DE LA FRANCE.

NOTICE

SUR

LE PORT DE DIEPPE,

PAR M. LAVOINNE,

INGÉNIEUR DES PONTS ET CHAUSSÉES.

PARIS.
IMPRIMERIE NATIONALE.

M DCCC LXXIV.

PORT DE DIEPPE.

CHAPITRE PREMIER.

RENSEIGNEMENTS GÉOGRAPHIQUES ET HYDROGRAPHIQUES.

Le port de Dieppe est situé à 4 milles $\frac{3}{4}$ à l'E. N. E. de la pointe d'Ailly; il occupe le fond de la faible concavité que présente la côte entre le cap d'Antifer et l'embouchure de la Somme. Le feu de marée, à l'extrémité de la jetée de l'Ouest du port, est établi par 49° 56′ 3″ de latitude Nord et 1° 15′ 12″ 42‴ de longitude Ouest.

La vallée de l'Arques, dont le port de Dieppe forme l'embouchure, s'ouvre à travers la ligne de falaises crayeuses qui s'étend entre les deux baies de Seine et de Somme. Le chenal du port, qui sert de lit à la rivière, se trouve à l'extrémité orientale du cordon de galet qui barre l'entrée de la vallée. Ouvert habituellement dans la direction du N. N. O., il présente un tirant d'eau variant, en basse mer de vive eau ordinaire, entre $0^m,30$ et $1^m,20$, tant dans la partie comprise entre les jetées que sur la barre en dehors des jetées, les basses mers de vive eau ordinaires s'élevant à $0^m,62$ au-dessus du zéro des cartes marines, qui est celui des plus basses mers connues.

A l'Ouest du chenal, l'estran de sable, base du cordon de galet de la plage, offre, à partir de son origine, qui correspond sensiblement au niveau des basses mers de vive eau ordinaires, une pente de $0^m,015$ environ, prolongée jusque par les fonds de 2 mètres au-dessous du zéro des plus basses mers; la pente du cordon de galet est de $0^m,15$ à $0^m,12$ par mètre, en moyenne. La laisse des plus basses mers, distante de 60 à 70 mètres seulement du pied de ce cordon, le long de la plage de l'Ouest, s'avance jusqu'à 450 mètres de l'extrémité des jetées sur les bords du chenal.

A l'Est du chenal, après un épanouissement dû à l'accumulation des galets expulsés par les chasses, l'estran se rapproche du pied de la falaise, en avant de laquelle le cordon de galet, réduit à une largeur moyenne de 50 mètres, repose directement sur un fond de roches calcaires qui découvrent en basse mer ordinaire jusqu'à une distance de 200 mètres de la falaise. Au delà de ces roches, on retrouve le sable, sur une épaisseur variable, superposé à d'autres roches, et descendant, avec la même pente qu'à l'Ouest du chenal, jusqu'aux mêmes profondeurs.

Ce n'est qu'à 600 mètres au large de l'extrémité de la jetée de l'Ouest que l'on trouve 6 mètres d'eau à basse mer; il faut aller jusqu'à 1,500 mètres pour avoir 8 mètres.

Il n'existe devant Dieppe qu'une rade foraine et sans abri, où l'on peut rester quand la mer est calme ou lorsque le vent vient de terre, mais qu'il faut quitter dès que le vent menace de souffler avec force.

Cette rade est divisée en grande et petite rade : la petite rade s'étend de la sortie du chenal à 3 kilomètres au large; la grande rade commence à ce point et occupe une zone de 2 kilomètres de largeur. A l'un et l'autre mouillage les ancres trouvent une bonne tenue sur un fond sablé recouvrant un tuf calcaire.

Il n'y a, aux abords de l'entrée, d'autre banc dangereux que la barre de galet en travers des jetées; son défaut de fixité empêche de la signaler autrement qu'en comptant à partir de sa crête les hauteurs d'eau indiquées par le mât des signaux.

De nuit, l'entrée du port est signalée par un feu permanent, placé à l'extrémité de la jetée de l'Ouest, et par un système de trois fanaux attachés à un mât établi à l'extrémité de la jetée de l'Est. Un de ces feux est fixe; un autre est allumé deux heures et demie avant

VENTS. 3

le plein et éteint deux heures après; un troisième est allumé deux heures avant la pleine mer et éteint au moment de la pleine mer. Le mât qui porte ces deux derniers feux est mobile, et on l'incline pour marquer aux navires de quel côté il faut gouverner, quand ils ne font pas bonne route; sinon, on le maintient vertical.

Des observations faites pendant six ans sur la direction du vent donnent, en moyenne, les résultats suivants, pour une année:

DIRECTION DU VENT.	NOMBRE MOYEN DE JOURS.	MAXIMUM.	MINIMUM.
Nord............................	17	21	13
Nord-Est........................	34	42	28
Est.............................	36	46	19
Sud-Est.........................	39	49	30
Sud.............................	61	73	36
Sud-Ouest.......................	64	79	54
Ouest...........................	63	95	47
Nord-Ouest......................	45	50	39

Dans les 365 jours de l'année, il y a environ 359 jours de vent et seulement 6 ou 7 jours de calme plat.

Si l'on divise l'horizon en quatre parties égales aux quatre points cardinaux, on trouve:

126 jours de vent entre le Sud et l'Ouest;
85 jours de vent entre l'Ouest et le Nord;
60 jours de vent entre le Nord et l'Est;
88 jours de vent entre l'Est et le Sud.

Les vents régnants sont le Sud-Ouest et l'Ouest.

Ces vents sont aussi les plus dangereux; quand ils sont accompagnés de pluie, ils soufflent par grains violents, changent subitement de direction et rendent en quelques heures la mer très-grosse.

Les coups de vent du Nord au N. E., bien que beaucoup plus rares, sont aussi fort dangereux et rendent la mer extrêmement grosse pendant le flot; mais généralement ils ne durent que vingt-quatre ou trente-six heures, sans variation de direction.

Les courants devant le port de Dieppe ont un mouvement giratoire inverse. Le retard des reversements ou étales des courants sur les hautes et les basses mers est d'une heure vingt minutes. La vitesse maxima du courant de flot dans les marées moyennes de vive eau est de 1^m,50 par seconde; celle du jusant, de 1^m,30.

Le courant de flot devant le port porte au S. E. pendant une heure et demie à partir du plus bas de l'eau; il déverse ensuite vers l'Est jusqu'à la direction du Nord, qu'il suit un peu avant le plein.

Le courant de flot ne pénètre dans les jetées qu'après avoir dépassé de 200 mètres environ le musoir de l'Est; il se recourbe alors brusquement et entre dans le chenal en rasant la jetée de l'Est. Avant le prolongement de cette jetée, cette pointe du courant de flot était beaucoup plus longue et présentait de grands dangers pour la navigation.

Le courant de jusant porte au N. O. en sortant du chenal dès le premier moment de mer baissante; puis il s'infléchit graduellement vers l'Ouest et parvient au S. O. lorsque la mer a atteint le plus bas de l'eau.

Il arrive parfois, en morte eau, quand il vente grand frais du N. O. au S. O., que la marée ne reverse pas, et que le courant se maintient toujours dans la même direction à la surface.

Les silex fournis par l'érosion des falaises constituent des bancs de galet qui couvrent le rivage de la mer depuis la baie de Seine jusqu'à la baie de Somme. Ces galets, cédant à l'action prédominante des vents régnants, marchent de l'Ouest à l'Est; les calculs approximatifs de Lamblardie portent à 24,000 mètres cubes par année la quantité de galet qui passe ainsi, en moyenne, devant le port de Dieppe. Il a été constaté que cet apport pouvait s'élever, dans certaines années, jusqu'à 30,000 mètres cubes.

Pendant longtemps le chenal a été partiellement obstrué d'une manière à peu près permanente par ces bancs voyageurs, qui venaient se cantonner contre la face intérieure de la jetée de l'Ouest, et que des chasses puissantes aidées de guideaux ne parvenaient à faire disparaître que pour un temps plus ou moins court. Ce n'est qu'à partir du moment où l'extension du service du lestage a permis d'enlever annuellement des masses considérables de galet à l'Ouest des jetées, que l'obstruction a cessé d'être la situation habituelle du chenal. Elle n'a plus reparu depuis qu'accidentellement, à la suite de séries continues de tempêtes de la région de l'Ouest coïncidant avec l'interruption des extractions de galet pour le lestage, comme il arrive toujours par une longue période de mauvais temps; l'emploi des chasses, combiné avec celui des guideaux, a suffi alors pour rendre au chenal sa largeur normale.

La barre à l'entrée du port, entretenue par les alluvions de galets, varie de hauteur et de position avec leur importance et avec la résistance qu'elles peuvent éprouver dans leur marche de l'Ouest vers l'Est, par suite de la direction et de l'intensité des vents.

Les anciens plans du port et les traditions locales s'accordent à établir que l'accumulation du galet a fait avancer la plage de l'Ouest, au fur et à mesure du prolongement des jetées, à partir des roches dites du Bas-Fort-Blanc, tandis que la plage de l'Est est restée stationnaire.

L'établissement du port est 11 heures 8 minutes; l'unité de hauteur est de $4^m,60$.

Il n'y a pas d'étale sensible à Dieppe.

La durée moyenne du flot est de................. $5^h 38^m$
La durée moyenne du jusant est de................. 6 42
DIFFÉRENCE............... 1 04

Autrefois, la marée se propageait dans le lit de la rivière d'Arques et remontait jusqu'à ce village, couvrant ainsi la plus grande partie des prairies de la vallée, dont le niveau, à Arques, est encore à 1 mètre au-dessous des pleines mers de vive eau.

Aujourd'hui, le port et la retenue sont entièrement séparés de la vallée par des digues, qui protégent les prairies; la rivière débouche dans la retenue par deux écluses munies de clapets, qui ferment complétement le passage aux eaux de la mer.

Les niveaux de la marée, rapportés au niveau des plus basses mers, sont les suivants :

Basses mers
- de vive eau extraordinaires............. 0^m,00
- de vive eau ordinaires................. 0 ,62
- de morte eau ordinaires................ 2 ,37

Hautes mers
- de morte eau ordinaires................ 7 ,12
- de vive eau ordinaires................. 9 ,17
- de vive eau d'équinoxe................. 9 ,97

Les courbes de marée sont figurées à la page suivante.

MARÉES. 7

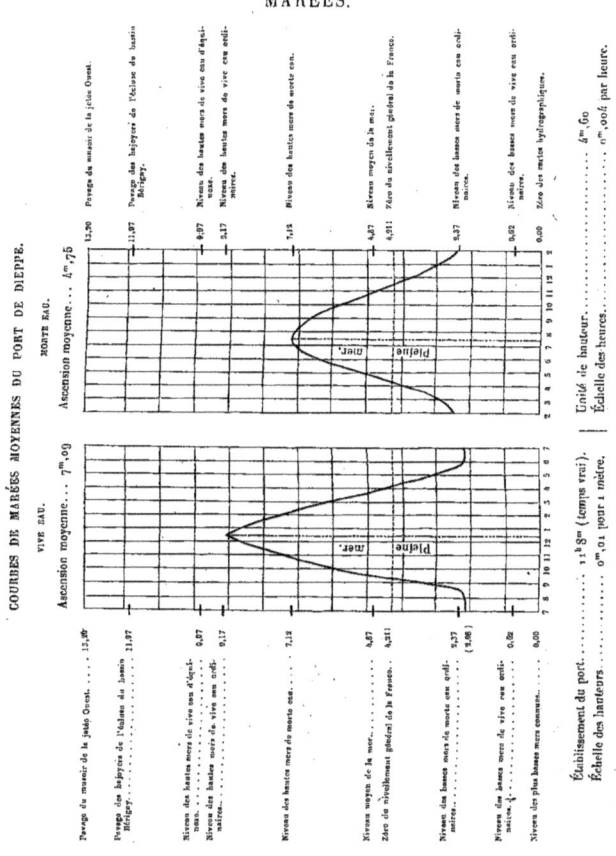

OBSERVATION.

Le niveau de la basse mer est beaucoup plus élevé dans l'avant-port qu'il ne l'est au large, parce que l'exhaussement du plafond du chenal, au droit de la morgue, produit l'effet d'un barrage, et que, d'autre part, les eaux venant de la rivière d'Arques, du bassin de la retenue et des bassins à flot, dont les portes ne sauraient fermer hermétiquement, compensent en partie la dénivellation déterminée par le courant de jusant. C'est à cette double cause que l'on doit attribuer la grande durée de l'état de basse mer dans l'avant-port.

CHAPITRE II.

HISTORIQUE[1].

Le chenal du port de Dieppe a été ouvert et entretenu par les courants alternatifs du flot et du jusant. La mer montante se répandait dans la vallée jusqu'à Arques; lorsque, ensuite, elle se retirait, il se formait une chute au goulet, et le courant creusait un chenal assez profond pour recevoir, dit-on, des bâtiments de 6 à 700 tonneaux.

Vers le XIIe siècle, ce chenal suivait le pied de la falaise sur laquelle s'élève le château. L'embouchure des rivières d'Arques et de la Béthune formait le premier port de Dieppe, dit le *port d'Ouest*. Mais le chenal était incessamment repoussé vers l'Est par le galet, résultat des débris des falaises, qui marche le long de la côte de l'Ouest à l'Est. Les habitants ouvrirent vers l'Est un nouveau chenal, que l'on appela le *port d'Est*. Le premier chenal fut abandonné et comblé, et il se forma cette vaste alluvion de galets sur laquelle une partie de la ville est construite.

Le nouveau chenal, qui avait une grande largeur, était souvent obstrué. Les habitants s'efforçaient de le fixer et de le dégager par quelques ouvrages, que l'on poussait vers le large à mesure que le galet s'accumulait à l'entrée du port.

Vers 1400, des travaux importants furent entrepris; le chenal fut fixé au pied de la Tour aux Crabes, où il est resté longtemps. Cette tour faisait partie des remparts qui entouraient la ville; elle a été détruite, mais elle a laissé son nom à l'emplacement qu'elle occupait.

En 1459, Charles VII, comprenant l'importance du port de

[1] Cet historique est en grande partie extrait de la *Notice sur le port de Dieppe* par M. Frissard.

Dieppe, autorisa la prolongation des jetées; les habitants exécutaient les travaux comme ils l'entendaient, mais ils supportaient tous les frais de construction et de réparation; les dépenses étaient considérables, parce que les travaux, mal disposés et mal exécutés, ne résistaient pas à la mer.

En 1613, on construisit un épi de grandes dimensions, destiné à arrêter le galet et à procurer du calme dans le chenal. Une forte marée le détruisit en 1616 et fit crouler une portion de la falaise de l'Est; le port devint inaccessible. Le chenal s'avança encore vers l'Est, au pied de la nouvelle falaise : c'est le chenal actuel.

C'est sous le règne de Louis XIV que l'État intervint pour la première fois dans la direction des travaux; il fournit des fonds, mais en s'emparant d'une partie des droits perçus par la ville. Après le bombardement de 1694, les ingénieurs du roi furent exclusivement chargés de tous les travaux.

En 1667, Duquesne présenta à Louis XIV un mémoire dans lequel il faisait ressortir tous les avantages de la vallée de Dieppe pour y construire un des plus beaux ports de l'Europe. Il ne fut pas donné suite à ce projet, à l'exécution duquel les habitants de Dieppe refusèrent de concourir.

En 1672, une tempête de vent d'Ouest encombra le port de galets. Colbert vint à Dieppe pour reconnaître la cause de ce désastre et chercher le remède. Il visita le port et proposa l'ouverture d'une nouvelle passe, combinée avec l'établissement d'une écluse de chasse, en offrant, de la part du roi, le payement de la moitié des fonds nécessaires pour les travaux, si les habitants voulaient fournir l'autre moitié.

Cette proposition fut mise en délibération à l'hôtel de ville, et il fut décidé que la ville n'était pas en état de faire une si grande dépense.

En 1701, le marquis de Seignelay, fils et successeur de Colbert, vint à Dieppe, et fit au corps de ville la même proposition, mais il éprouva le même refus.

En 1725, un ouragan occasionna aux jetées des avaries considérables. On commença à mettre plus de soin dans leur construction; on y employa la pierre de taille, mais les travaux étaient souvent abandonnés et repris, d'après les fonds qu'on pouvait y affecter.

En 1750, une tempête enleva une partie de la jetée en charpente de l'Est, qui fut remplacée plus tard par une jetée basse, destinée à diriger les chasses. Ce fut à la même époque qu'on prolongea la jetée de l'Ouest.

De l'année 1700 à 1760, les ingénieurs militaires dépensèrent 2,510,636 livres pour la réparation des jetées et leur prolongement sur une longueur de 110 mètres, d'après des projets dressés par Vauban.

Depuis 1600, les jetées ont été allongées de 500 mètres; la plage s'est avancée successivement vers la mer, et le galet a toujours fini par contourner le musoir pour entrer dans le port.

Pendant la guerre de Sept ans, le port de Dieppe fut privé des fonds indispensables pour son entretien. En 1761 et 1762, on ne fit aucune réparation, et lorsque, à la fin de cette dernière année, les ingénieurs des ponts et chaussées, succédant aux ingénieurs militaires, prirent le service du port, il y avait plusieurs brèches dans les jetées, et elles semblaient menacer ruine.

Le 29 et le 30 mai 1775, une violente tempête renouvela les inquiétudes des Dieppois et éveilla la sollicitude du gouvernement. On regretta de ne pas avoir accepté les propositions de Colbert; son projet fut revu et élaboré par les nouveaux ingénieurs. Il consistait :

1° A creuser un nouveau chenal, de 120 pieds de largeur à peu près, au milieu de la vallée, sur l'emplacement occupé aujourd'hui par le collége;

2° A construire les jetées en claire-voie pour amortir la lame;

3° A combler l'ancien chenal et à donner au port la forme d'un parallélogramme régulier;

4° A pratiquer au delà du pont du Pollet, dont la grande arche devait être ouverte, un arrière-port régulier ;

5° A ouvrir et à mettre en communication avec cet arrière-port un vaste bassin à flot ;

6° A construire des écluses de chasse dont l'orifice, placé vis-à-vis du nouveau chenal, lancerait toutes les douze heures une masse d'eau suffisante pour en chasser constamment le galet.

M. de Cessart, ingénieur en chef de la généralité de Rouen, reçut, en 1776, l'ordre de M. de Trudaine, intendant général des finances, de faire rédiger les projets relatifs à l'amélioration du port de Dieppe. Lamblardie dressa quatre projets : les deux premiers conservaient les anciens ouvrages, les deux autres se rapprochaient beaucoup des idées de Colbert. Le quatrième fut approuvé par le conseil général des ponts et chaussées ; il consistait :

1° Dans l'ouverture d'un nouveau chenal au milieu de la vallée, suivant la direction N. $\frac{1}{4}$ N. O., les vents ne s'y fixant presque jamais ;

2° Dans l'exécution d'une écluse de chasse vis-à-vis du chenal proposé et dans la même direction.

Les jetées devaient être partie en maçonnerie et partie en claire-voie ; les murs formant les soubassements des claires-voies devaient être fondés à 6 pieds au-dessous des basses mers de vive eau, et avoir 12 pieds de hauteur.

La construction des musoirs et des jetées devait être garantie par un môle en charpente rempli en galet, ayant 12 mètres de hauteur et 320 mètres de pourtour.

Ce projet fut approuvé par le conseil général des ponts et chaussées le 13 mars 1777 ; les travaux de l'écluse de chasse furent adjugés le 15 avril suivant et commencés le 15 mai.

En 1785, M. de Chaubry rédigea le projet complet de la nouvelle passe, dont la dépense était estimée 5 millions.

Le môle de garantie ne fut mis en adjudication que le 15 mars

1787; il fut exécuté. Il a résisté à la violence de la mer jusqu'au 26 août 1793, époque à laquelle il fut détruit.

La révolution de 1789 amena la suspension des travaux et l'ajournement de l'ouverture de la nouvelle passe.

En 1791, l'Assemblée nationale ordonna une enquête. La commission donna la préférence au chenal actuel. En 1792, Perronnet fut consulté; il proposa la conservation de la passe actuelle et la démolition de la digue de garantie.

Le chenal est, en définitive, resté tel qu'il était depuis deux cents ans. Après de nombreux encombrements du chenal par le galet, qu'un épi bas, construit vers 1776, par Lamblardie, sur le prolongement de la jetée de l'Est, et allongé à diverses reprises pour diriger le cours des chasses, fut tout à fait impuissant à prévenir, on s'est arrêté au parti de prolonger la jetée de l'Est, suivant le projet présenté en 1836 par M. Gayant.

Depuis le xe siècle, époque à laquelle Dieppe commence à figurer dans l'histoire, la fortune de ce port a passé par bien des phases diverses.

Port principal de la Normandie sous la domination anglo-normande, il vécut jusqu'au xive siècle des produits de la pêche et de la piraterie.

A partir du xive siècle, on voit son rôle grandir. Les Dieppois entreprennent des expéditions lointaines, fondent des colonies sur la côte d'Afrique, dans la Floride, le Canada et les Antilles, font la traite des nègres, arment des flibustiers et entreprennent les guerres sur mer pour le compte des souverains. Le règne de François Ier marque l'apogée de la prospérité de la cité; les guerres de religion et les guerres civiles en commencent le déclin. La révocation de l'édit de Nantes lui porta un rude coup, et le bombardement de 1694 détruisit complétement la ville et acheva sa ruine.

A partir de ce moment, les Dieppois renoncent de plus en plus à la grande navigation pour concentrer leur activité sur les opérations de la pêche côtière. L'amélioration des voies de communication, sous le règne de Louis XV, vint favoriser cette industrie en ouvrant à ses produits des débouchés plus faciles sur la capitale, pour l'alimentation de laquelle Dieppe est mieux placée que les autres ports, en raison de sa moindre distance. Elle n'a commencé à décliner que du jour où la création des voies ferrées, reliant Paris aux différents ports de la Manche et de la mer du Nord, les a tous mis en concurrence avec Dieppe pour l'approvisionnement de Paris. Mais les chemins de fer ont ouvert à ce port une nouvelle ère de prospérité en développant le commerce extérieur dans une énorme proportion. Ses relations avec l'Angleterre et les États scandinaves lui ont fait acquérir une importance qui n'a cessé de croître depuis 1848, époque de l'ouverture du chemin de fer de Rouen à Dieppe.

La population de Dieppe a néanmoins peu varié depuis soixante-cinq ans, ainsi que le montrent les dénombrements faits à diverses époques. De 18,000 âmes qu'elle comprenait au commencement du siècle, elle est arrivée à 20,000 âmes en 1872.

CHAPITRE III.

DESCRIPTION DU PORT.

Le chenal, qui, à l'extérieur des jetées, présente, ainsi qu'il est dit plus haut, une direction et un tirant d'eau variables, s'infléchit vers l'Est lorsque les alluvions sont amenées en plus grande quantité par les vents d'Ouest, et s'appuie généralement entre les jetées contre la jetée de l'Est, au droit de laquelle il présente une largeur variant entre 25 et 40 mètres, suivant la saillie des pouliers adossés à l'autre jetée.

L'écartement des jetées, qui est de 75 mètres à l'extrémité de la jetée de l'Est, plus courte de 57 mètres que celle de l'Ouest, se réduit à 45 mètres à 95 mètres de cette extrémité; puis l'intervalle entre les deux jetées, qui présentent toutes deux un peu plus loin un tournant brusque, s'accroît de nouveau, et elles deviennent très-sensiblement parallèles, laissant alors entre elles une ouverture moyenne de 80 mètres jusqu'à 80 mètres de l'origine de l'avant-port. A partir de ce point, cette ouverture s'élargit de nouveau et atteint 98 mètres à l'entrée de l'avant-port.

La jetée de l'Est, qui mesure une longueur totale de 628 mètres à partir du sommet de l'angle saillant formant l'origine du quai du Pollet, se compose, du côté du chenal :

1° D'un musoir en maçonnerie, de forme courbe, mesurant 16 mètres dans le sens de sa moindre largeur, dont le pavage est établi à $3^m,10$ au-dessus des pleines mers d'équinoxe ;

2° D'une claire-voie, également de forme courbe, de 155 mètres de longueur et de $3^m,70$ de largeur en couronne, surmontant un socle en maçonnerie dont le sommet est établi à $3^m,80$ au-dessous des pleines mers de vive eau, et qui forme le seuil d'un plan incliné revêtu en maçonnerie, dont la pente varie de $\frac{1}{5}$ à $\frac{1}{6}$. Cette claire-voie est formée de fermes constituées par deux lignes de poteaux montants, reliés entre eux par des entraits et par plusieurs systèmes de contre-fiches, dont les plus longues viennent s'appuyer sur la tête de pieux situés à l'intérieur du brise-lames. Les espacements des fermes, qui sont généralement de 3 mètres, sont divisés en trois parties égales par des poteaux de remplage, appliqués, du côté du chenal, sur les cours de moises longitudinales qui relient les fermes entre elles;

3° D'un mur en maçonnerie, d'une longueur de 349 mètres, adossé à un terre-plein qui règne jusqu'au pied de la falaise;

4° D'une claire-voie de 67 mètres de longueur et de $2^m,50$ de largeur en couronne, établie dans un système analogue à la première claire-voie. Le socle de cette claire-voie fait saillie de $2^m,40$ sur la ligne des poteaux montants, du côté du chenal, et forme le pied d'un plan incliné revêtu en pierres sèches, dont la pente est de $\frac{1}{5}$. Des escaliers en pierres de taille donnent accès, de chaque côté du brise-lames, sur le socle de la claire-voie;

5° D'un mur en maçonnerie, de $35^m,50$ de longueur, formant l'extrémité du quai du Pollet.

Du côté opposé au chenal, un mur en maçonnerie, couronné par une plate-forme de $4^m,20$ de largeur moyenne, dont le tracé présente un angle rentrant vers le milieu de sa longueur, forme l'enceinte du plus grand des deux brise-lames et raccorde le musoir avec la plage où il vient s'enraciner. Ce mur d'enceinte, ainsi que le musoir et le socle du brise-lames, ont été fondés dans des encoffrements en palplanches sur des massifs de béton recouvrant des couches de galet et de gravier, d'épaisseur variable, qui surmontent le tuf calcaire. Une risberme, formée par une deuxième enceinte de palplanches et remplie de béton, protége en outre le pied du musoir et du socle de la grande claire-voie; cette risberme, large de 3 mètres, s'élève à $2^m,89$ au-dessus du zéro des plus basses mers.

Avant l'année 1836, la jetée de l'Est, beaucoup plus courte et pleine, joignait l'origine actuelle du grand brise-lames, vers l'avant-port, au sommet de l'angle rentrant du mur d'enceinte de cet ouvrage. Les travaux effectués à partir de cette époque ont ajouté toute la partie des jetées et du brise-lames située au delà de cette ligne. De 1836 à 1855, le brise-lames, reconnu insuffisant, a été agrandi de toute la partie située en deçà.

Le surplus de la longueur de la jetée de l'Est en avançant vers l'avant-port a été fondé directement sur le tuf calcaire.

La jetée de l'Ouest, qui dépasse de 57 mètres celle de l'Est, est orientée N. $\frac{1}{4}$ N. O. vers son extrémité, où elle est rectiligne sur une longueur de 152 mètres; elle présente ensuite une partie courbe, puis une série d'alignements droits, dont le plus long a sensiblement la direction du Nord, et elle aboutit à un angle saillant formant l'enracinement de l'ancien épi du Petit-Veules, après un développement total de 588 mètres.

Le musoir demi-circulaire, qui en forme l'extrémité Nord et qui porte le principal feu de marée du port, est en maçonnerie. La jetée se prolonge ensuite en maçonnerie, avec une largeur égale au diamètre du musoir, qui est de $14^m,04$ sur $29^m,50$; puis elle se rétrécit et n'offre plus qu'une largeur de $6^m,08$ jusqu'au point où commence la claire-voie du brise-lames de l'Ouest, dont le tracé se compose de deux alignements droits réunis par une partie courbe, et dont l'ouverture totale est de $111^m,65$.

La jetée se prolonge ensuite en maçonnerie sur une longueur de 202 mètres, où elle se raccorde avec des estacades en charpente, qui règnent jusqu'à l'origine de l'avant-port et offrent un développement de 181 mètres. Un escalier en charpente est établi le long de l'avant-dernier alignement de ces estacades.

A partir de l'extrémité Sud du brise-lames, la jetée n'est plus, à proprement parler, qu'un quai bordé de constructions.

La claire-voie du brise-lames, surmontée d'une passerelle de $5^m,15$ de largeur, est construite dans un système analogue à celui du grand brise-lames de l'Est; mais le socle de cette claire-voie est placé beaucoup plus bas: il est établi à la côte $5^m,70$ au-dessous des pleines mers de vive eau, du côté du chenal. La chambre du brise-lames, recouverte d'un pavage maçonné, offre une pente transversale de $\frac{1}{8}$ et une largeur de 55 mètres. Elle est limitée : au Nord, par un mur en maçonnerie, contre lequel vient s'appuyer l'estran de galet; à l'Ouest, par un perré maçonné, qui se raccorde avec l'autre extrémité du brise-lames par un mur courbe en maçonnerie.

Toutes les parties en maçonnerie de la jetée de l'Ouest ont été fondées sur le galet et le gravier, dans des encoffrements en palplanches semblables à ceux de la jetée de l'Est : une assise de pierre de taille forme risberme sur une largeur de $2^m,05$ à $1^m,82$ au-dessus des plus basses mers. Le musoir est, en outre, défendu par une risberme annulaire formée par des coffrages en charpente remplis en maçonnerie. Cette risberme est le dernier vestige de l'ancienne jetée en charpente remplie en moellons et galets, qui a été remplacée par la jetée en maçonnerie. La reconstruction en maçonnerie du musoir terminal a eu lieu en 1844.

En l'année 1855, on a ouvert le brise-lames de l'Ouest, qui a complétement fait disparaître dans l'intérieur du port le ressac très-violent qu'on y constatait depuis l'enlèvement par le dragage des pouliers adossés à la jetée de l'Ouest; les brise-lames de l'Est étaient tout à fait impuissants à le détruire. Cet ouvrage a été terminé en 1859, et l'amélioration qu'il a produite a été suffisante pour permettre la suppression de l'épi et du brise-lames saillant du Petit-Veules, qui, construits en 1843-1852, en vue d'obtenir du calme dans le port, n'avaient pas produit d'effet appréciable, et rétrécissaient d'une manière incommode l'entrée de l'avant-port. Cette suppression a été opérée en 1865, sans affecter d'une manière sensible la situation de l'avant-port, au point de vue du calme.

L'avant-port, dont l'axe longitudinal est curviligne, mesure sur cet axe une longueur de 425 mètres; sa largeur est, en moyenne, de 130 mètres; elle varie entre un maximum de 165 mètres et un minimum de 100 mètres. Sa superficie est de 6 hectares 50 ares. La longueur développée des quais de l'avant-port, déduction faite de l'espace occupé par l'écluse de chasse, l'écluse d'entrée du bassin Duquesne et les murs en retour de ces deux ouvrages, est de 1,018 mètres, se répartissant ainsi qu'il suit, en commençant par le côté Est :

DÉSIGNATION DES QUAIS.			LONGUEUR DES QUAIS.	LARGEUR MOYENNE DES QUAIS.	LARGEUR MOYENNE DES CHAUSSÉES latérales.	SUPERFICIE des TERRE-PLEINS.
			m	m	m	m q
Côté Est.	Quai du Pollet [1]...........		179,70	7,00	9,00	1.257,90
	Quai de la cale du Pollet [1]....		166,80	1,50	9,00	250,20
	Quai du carénage [1].........		88,30	21,00	10,00	1.854,30
	Quai entre les deux écluses [1]..		54,00	19,00	6,00	1.026,00
Côté Ouest.	Quai de la Poissonnerie [1].....		126,70	23,00	″	2.914,10
	Quai Henri IV	1re partie [2]...	325,00	14,00	9,00	4.550,00
		2e partie [1]...	77,50	25,00	9,00	1.937,50
Totaux et moyennes......			1.018,00	13,50	9,00	13.790,00

[1] Chaussée empierrée.
[2] Chaussée pavée.

Tous ces quais sont en maçonnerie; les dernières estacades qui existaient encore dans l'avant-port ont disparu en 1863.

Les murs de quai du Pollet, qui, à leur extrémité Ouest, aboutissent à un épi formant une saillie de 16^m,50 sur leur direction générale, ont été construits en partie de 1745 à 1747, en partie en 1842; ils reposent, en général, sur le tuf, à la cote 2^m,75 au-dessus du zéro des plus basses mers, et sont parementés en pierre de taille.

L'épi terminal, construit à la même époque, repose, ainsi que l'extrémité du mur de quai du Pollet, sur un fond de sable et de gravier; il est défendu à son pied, comme le mur, par une ligne de pieux jointifs.

Le quai du Pollet est exclusivement affecté au stationnement des barques de pêche.

La cale du Pollet, qui fait suite au mur de quai du Pollet, a été construite en 1860, en remplacement de vieilles estacades tombant en ruines. Au fond de cette cale, vers lequel le sol naturel s'élève en pente douce, ont été établies deux rampes d'accès pavées, inclinées à 1 de hauteur pour 5 de base, de 20^m,35 de longueur chacune et de 3^m,90 de largeur, partant des extrémités des murs de joue de la cale, et aboutissant à un palier de 9 mètres de longueur et de 3^m,90 de largeur.

Ces murs, ainsi que le mur de fond, ont été fondés sur un terrain de galet et de gravier, dans des encoffrements formés par des pieux réunis par des bordages horizontaux, à la cote moyenne de 4^m,90 au-dessus du zéro des basses mers; ils sont parementés en silex taillés; le parement du mur de fond est en briques.

La cale du Pollet sert surtout à la visite, à la réparation et au chauffage des bateaux de pêche, tandis que le quai du Carénage, qui vient se souder au mur de joue Ouest de la cale, est surtout affecté à la réparation des grands navires. Ce quai, qui est parementé en briques, repose sur un fond de gravier et sable, par l'intermédiaire d'une couche de béton coulée dans un encoffrement semblable à l'encoffrement de fondation des murs de joue de la cale du Pollet.

Au pied du quai, on trouve un gril de carénage; il est fondé sur six lignes de pieux moisés dans les deux sens; un plancher règne sur toute la longueur, qui est de 50^m,50; il porte vingt et un cours de tins de 6^m,50 de longueur. De part et d'autre des tins, il existe des trottoirs formés par des bordages longitudinaux; le trottoir extérieur a 3 mètres de largeur, et le trottoir intérieur, 2 mètres. La largeur totale du gril, y compris les trottoirs, est de 11^m,50. Le dessus des tins est établi à la cote 3^m,72 au-dessus du zéro des plus basses mers.

On accède au gril, soit par la cale du Pollet, soit par un escalier en pierre construit à l'angle Est du mur de quai.

Ce mur est séparé par l'écluse de chasse, qui sera décrite plus loin, d'un mur de quai qui relie le mur d'ébrasement Ouest de cet ouvrage au mur en retour Est de l'écluse d'entrée du bassin Duquesne. Le mur de quai, construit en 1862-1863 pour remplacer une vieille estacade, est parementé en briques; il a été fondé dans une enceinte de palplanches jointives sur une couche de béton, dont le dessous est à la cote 2^m,42 au-dessus du zéro des cartes marines. Il ne sert que très-rarement au stationnement des navires.

Au delà de l'écluse d'entrée du bassin Duquesne, dont la tête, du côté de l'avant-port, présente une longueur totale de 82^m,65 entre les extrémités des murs en retour, commencent les murs de quai de la Poissonnerie, qui remontent au xvie siècle. Ces murs, parementés en grès, ont actuellement leur fondation à 1 mètre au-dessus du fond de l'avant-port, et ne sont plus soutenus que par la ligne de pieux imparfaitement jointifs qui retient le massif de gros galets sur lequel ils reposent.

Le quai, qui se développe sur une série d'alignements droits de faible longueur, dont l'ensemble forme un tournant très-accusé, sert uniquement au débarquement des produits de la pêche côtière.

A son extrémité N. E., il se trouve à 9 mètres en arrière d'un quai de construction plus récente, qui présente trois alignements droits, dont les longueurs sont respectivement de 78^m,30, 105^m,60 et 54^m,50.

Le long du premier alignement stationnent habituellement des barques de pêche; les deux autres sont plus particulièrement affectés au séjour des paquebots du service régulier établi entre Dieppe et Londres par New-Haven, qui viennent généralement y prendre place à mi-marée. Un hangar est installé pour ce service, qui possède en outre sur le bord du quai quatre grues roulantes de la force de 1^t,5, dont deux à vapeur.

Ces murs de quai ont été établis en partie de 1793 à 1795, en partie de 1821 à 1833; ils sont parementés en pierre de taille et reposent sur le fond de galet et de gravier, dans un encoffrement formé par des pieux jointifs. La fondation de ces murs est à la cote 0^m,67 au-dessus du zéro des cartes marines. Le noyau de ces murs comme celui de tous les autres murs de l'avant-port et des jetées, est en maçonnerie de silex tirés des falaises.

Les travaux de dragage effectués de 1853 à 1858 ont eu pour effet de creuser la plus grande partie de l'avant-port à la cote 1 mètre au-dessus du zéro des cartes marines; mais, par suite de l'accumulation des vases, le plafond s'est élevé déjà à 1^m,75 en moyenne au-dessus du même niveau, sauf sur le parcours du chenal qui conduit à l'écluse d'entrée du bassin Duquesne, qui est à la cote 1 mètre au-dessus du même zéro, ainsi qu'aux abords de cette écluse et au droit de l'écluse de chasse, où il existe des fosses dont la profondeur est de 0^m,70 au-dessous du zéro.

Jusqu'en 1840, l'avant-port se prolongeait dans la direction du quai de la Poissonnerie sur une longueur de 220 mètres vers le Sud. On a commencé à cette époque l'exécution de l'écluse du bassin Duquesne, qui a converti en bassin à flot le fond de l'avant-port, sur une surface de 91 ares 50. Cette écluse, terminée en 1847, est simple; elle a 16^m,50 de largeur et 42^m,16 de longueur, d'une tête à l'autre. Elle offre un tirant d'eau de 7^m,55 en pleine mer de vive eau ordinaire et de 5^m,50 en pleine mer de morte eau. Le couronnement des bajoyers est établi à 11^m,57 au-dessus du zéro; leurs parements intérieurs descendent verticalement sur une hauteur de 7^m,22 jusqu'à la rencontre du radier, qui a la forme d'un arc de cercle de 2^m,73 de flèche; le sommet de cet arc est à la cote 1^m,62.

L'écluse est parementée, dans toutes ses parties, en pierre de taille, de granit pour les couronnements, les buscs et les chardonnets, et de Ranville (Calvados) pour les autres parties.

La fondation de l'écluse repose, par l'intermédiaire d'une couche de béton de chaux hydraulique, sur un système de pilotis battus dans un fond d'argile compacte, dont les têtes sont réunies par des chapeaux dans le sens transversal. Le dessous de la couche de béton est établi à la cote 1^m,15; le dessus des chapeaux, qui ont 0^m,30 d'épaisseur, à la cote 1^m,55. Une double enceinte de pieux et palplanches jointifs entoure la fondation ; ces pieux et palplanches ont de $3^m,5o$ à 6 mètres de fiche. Deux parafouilles sont en outre établis en amont et en aval; ils ont une épaisseur de 3 mètres, et descendent à la cote $2^m,38$ au-dessous du zéro des plus basses mers. Un avant-radier demi-circulaire, formé par une enceinte de pieux jointifs et plusieurs files de pieux isolés réunis par des chapeaux que recouvre un plancher, protége le pied de l'écluse du côté de l'avant-port, jusqu'à une distance de 12 mètres. Ce plancher surmonte une couche de béton de 1 mètre d'épaisseur, sauf à son extrémité aval, où cette épaisseur est portée à 2 mètres sur $1^m,5o$ de largeur.

L'écluse est munie de deux paires de portes, une paire de portes d'ebbe et une paire de portes de flot à claire-voie.

Les portes d'ebbe, posées pour la première fois en 1853, après avoir subi une dislocation presque complète à la suite d'une tempête, ont été remises en place en 1854, puis remplacées en 1869 par des portes neuves.

Ces dernières portes, de section parabolique, se composent d'un cadre en chêne et de huit entretoises équidistantes en sapin, réunies par des cours de moises verticales, également en sapin, que recouvre à l'amont un bordage en chêne. Les entretoises ont une largeur horizontale de $0^m,65$ au milieu de la porte et une épaisseur de $0^m,4o$.

Trois cours de ceintures horizontales en fer forgé consolident le cadre de chaque porte, et deux écharpes inclinées relient le pied du poteau busqué à un chapeau en bronze coiffant le poteau tourillon, sur lequel passe le collier de la porte.

Trois ventelles en tôle à jalousies, interposées entre les montants verticaux de chaque porte, offrent un débouché total de $3^{mq},51$.

Les portes de flot, établies en 1859 pour combattre la propagation de la houle, qui gênait la manœuvre des portes d'ebbe, diffèrent de ces dernières portes en ce que les entretoises n'ont plus qu'une largeur uniforme de $0^m,45$, que le bordage vertical placé en aval offre des vides égaux à la moitié des pleins, et qu'il n'existe pas de système de moises verticales ni de ceintures horizontales.

Le pont tournant de l'écluse est un pont en bois à une voie, à deux volées, à pivot central et à béquilles. Sa largeur totale est de $4^m,50$, y compris deux trottoirs de $1^m,15$, et sa longueur totale de 36 mètres, y compris la longueur des culasses, qui est pour chaque volée de $7^m,225$.

Des pilastres en fer, placés au droit du pivot, servent de points d'attache à un double système de bracons destiné à soulager la portée des pièces longitudinales pendant l'ouverture.

Des galets roulant sur des rails en fer fixés sur la plate-forme de l'encuvement supportent, pendant la rotation, l'excédant de poids de la culasse.

Le bassin Duquesne, qui présente une longueur de 375 mètres, avec une largeur variant entre 75 mètres et 155 mètres, a une superficie de 4 hectares, et offre un développement de quais accostables de 811 mètres, se décomposant ainsi qu'il suit :

DÉSIGNATION DES QUAIS.	LONGUEUR DES QUAIS.	LARGEUR MOYENNE DES QUAIS.	LARGEUR MOYENNE DES CHAUSSÉES latérales.	SUPERFICIE des TERRE-PLEINS.
	m	m	m	m q
Côté Ouest. Quai Duquesne [1]......	353,00	16,25	12,00	5.736,25
Côté Sud. Quai de l'Entrepôt [2].....	177,00	32,50	13,00	5.752,50
Côté Est. Quai de l'Arrière-port [2]....	281,00	17,00	9,00	4.777,00
Totaux et moyennes.........	811,00	20,00	11,00	16.265,75

[1] Chaussée pavée.
[2] Chaussée empierrée.

Les murs du quai Duquesne ont été construits de 1834 à 1837 ; ils sont parementés en pierre de taille de Ranville et reposent sur une couche de béton d'épaisseur variable, coulée dans une enceinte de pieux et palplanches jointifs. Sur certains points, l'épaisseur de la couche de béton est de 2 mètres; sur d'autres, elle est réduite à $0^m,50$ ou remplacée par une couche de libages.

Le quai Duquesne est principalement affecté au lestage; toutefois, l'extrémité Sud reçoit de temps à autre des dépôts de bois, quand les autres quais plus spécialement utilisés pour ce dépôt ne suffisent plus.

Au milieu de la longueur de ce quai, un escalier en pierre, auquel fait face, de l'autre côté du bassin, un escalier en charpente, sert à accéder aux canots par lesquels s'effectue le passage d'un côté à l'autre, lorsque le pont de l'écluse d'entrée est ouvert. Cet escalier marque l'emplacement de l'une des culées d'un pont fixe avec travée mobile qui a existé jusqu'en l'année 1829.

Sur le quai Sud, dit quai de l'Entrepôt, il existe encore une estacade en charpente, d'une longueur de 45 mètres, dont la construction remonte à l'année 1832, à la suite d'un mur en maçonnerie exécuté en partie en 1829, en partie en 1855, 1857, 1863 et 1864. La partie construite en 1829 est semblable, pour le système de construction, aux murs de quai précédemment décrits; celle qui a été construite en 1855-1857, à l'angle S. E. du quai, n'en diffère que par la substitution de pieux isolés avec vannage horizontal aux pieux jointifs, en avant de la fondation, qui descend à la cote $0^m,92$ au-dessus du zéro, et par le remplacement des poteaux de garde en bois par des poteaux de garde en granit.

La portion de mur de quai construite en 1863-1864, avec parement lisse en briques, est défendue par des pieux jointifs, et repose sur des pilotis, par l'intermédiaire d'une couche de béton dont le dessous est à la cote $1^m,97$.

Au milieu de ce mur, a été érigée, en 1864, par la Chambre de commerce de Dieppe et la Compagnie de l'Ouest, une grue de la force de 30 tonnes.

Entre l'emplacement de cette grue et l'angle S. E. du mur de quai, existait jadis un pertuis muni d'un double système de clapets et de portes tournantes, pour l'écoulement des eaux de la rivière d'Arques. La conversion de l'arrière-port en bassin à flot ayant supprimé le jeu de cette éclusette, les eaux de la rivière d'Arques ne s'écoulent plus dans l'avant-port que par la retenue et le canal des chasses, dont il sera question plus loin.

Sur le côté Est du bassin Duquesne, qui présente deux alignements droits, l'un de 95^m,35, l'autre de 225^m,70, séparés par un angle saillant, sauf sur une longueur de 51^m,25, où l'on a construit, de 1855 à 1857, un mur de quai en maçonnerie, semblable à celui qui forme pan coupé à l'angle S. E. du bassin, on voit encore des estacades en charpente, dont la construction remonte aux années 1831-1836. Ces estacades, ainsi que celle de 40 mètres de longueur existant sur le côté Sud, sont destinées à être remplacées, dans un avenir prochain, par des murs en maçonnerie.

A travers la portion de mur de quai construite en 1855-1857, s'ouvre la nouvelle écluse de navigation de la retenue.

Les côtés Sud et Est du bassin Duquesne sont desservis par des voies ferrées se reliant directement avec la gare du chemin de fer de l'Ouest, dont l'établissement remonte à l'année 1849. La voie la plus rapprochée du bord du quai est généralement placée à une distance de 1^m,80 à 2 mètres de l'arête, de manière à permettre le déchargement direct en wagons, sans dépôt sur le terre-plein.

Le bassin Duquesne a été creusé en 1856-1858 pour un tirant d'eau égal à celui de l'écluse. Un curage y a été postérieurement opéré en 1863-1865, pour rétablir cette profondeur.

L'écluse du bassin Bérigny, construite de 1806 à 1812, a une largeur de 14 mètres entre les bajoyers et une longueur de 38^m,42 d'une tête à l'autre. Elle offre un tirant d'eau de 7^m,20 en vive eau et de 5^m,15 en morte eau ordinaire. Le couronnement des bajoyers est établi à 11^m,97 au-dessus du zéro des basses mers; leurs parements intérieurs descendent verticalement sur une hauteur de 2 mètres, et présentent ensuite un fruit de $\frac{1}{10}$, jusqu'à la rencontre du radier, qui est plan et arasé, dans sa partie haute, à la cote 1^m,97.

L'écluse est parementée tout entière en pierre de taille; la pierre calcaire de Ranville a été employée exclusivement au parement des bajoyers et du radier; pour les couronnements, le busc et la partie haute des chardonnets, on s'est servi de pierre de granit et de Steinkalk.

La fondation, consistant en une plate-forme avec pilotis, repose sur un terrain d'argile et de sable; des libages, dont le dessous est établi au zéro des basses mers, forment la première assise de maçonnerie, que surmontent immédiatement les pierres de parement du radier dans les chambres des portes; entre les deux buscs, la saillie de $0^m,40$ qu'ils présentent est rachetée par une troisième assise de libages. Le mortier de pouzzolane, soit artificielle, soit naturelle, a été exclusivement employé aux maçonneries de fondation et de parements; pour les maçonneries intérieures, on s'est servi de la chaux du pays.

Tout le corps de l'ouvrage est entouré par des files de pieux jointifs. De plus, en amont et en aval, existent des parafouilles formant avant-radiers, composés de cinq files de pieux isolés encadrées entre deux files de pieux jointifs et surmontées par des chapeaux que recouvre un bordage en hêtre. Ces avant-radiers, de forme rectangulaire, ont une largeur de 8 mètres et sont remplis de glaise bien corroyée.

L'écluse a été construite pour recevoir deux paires de portes; mais elle n'a jamais reçu que des portes d'ebbe, posées pour la première fois en 1829, et remplacées successivement en 1847 et 1867. Ces dernières portes ont été construites dans un système semblable à celui des portes actuelles du bassin Duquesne; elles n'en diffèrent que par la section des entretoises, qui sont d'épaisseur uniforme, par la hauteur totale des vantaux, qui est de $8^m,20$, et par la disposition des ventelles, qui sont en bois et qui offrent un débouché total de $2^{mq},11$ pour chaque vantail.

Le pont tournant de l'écluse, construit en 1830 et restauré en 1861, est établi également dans un système semblable à celui du pont tournant de l'écluse du bassin Duquesne; il en diffère seulement par la largeur totale, qui est de 4^m,30, par sa longueur totale, qui est de 31^m,30, et en ce que les bracons en fer reliant les poutres extrêmes des volées aux pilastres sont simples au lieu d'être doubles.

Le bassin Bérigny, qui présente une longueur maxima de 325 mètres, mesurée de la tête amont de l'écluse au fond de l'une ou l'autre des endentures qui le terminent, a une largeur régulière de 120 mètres, sauf dans ces endentures, qui ont une largeur de 35 mètres chacune, une longueur de 69^m,50, et sont séparées par un terre-plein central de 49^m,70 de largeur. Sa superficie totale est de 3 hectares 60 ares. Le développement des quais accostables, qui est en totalité de 940^m,50, se décompose ainsi qu'il suit:

DÉSIGNATION DES QUAIS.		LONGUEUR DES QUAIS.	LARGEUR MOYENNE DES QUAIS.	LARGEUR MOYENNE DES VOIES latérales.	SUPERFICIE des TERRE-PLEINS.
		m	m	m	m q
Côté Sud.	1re partie, formant pan coupé[1].	47,50	20,00	23,00	950,00
	2e partie. Quai du chemin de fer[1].	321,00	32,00	13,00	10.272,00
Côté Ouest.	1re partie. Fond de l'endenture Sud[1].	35,00	25,00	13,00	875,00
	2e partie. Côté Nord de la même endenture[1].	69,50	25,00	"	1.737,50
	3e partie. Quai du terre-plein central[1].	50,00	"	13,00	"
	4e partie. Côté Sud de l'endenture Nord[1].	69,50	25,00	"	1.737,50
	5e partie. Fond de l'endenture Nord[1].	35,00	50,00	13,00	1.750,00
Côté Nord. Quai Bérigny.		313,00	21,00	9,00	6.573,00
Totaux et moyennes.		940,50	26,80	12,00	23.895,00

[1] Chaussée empierrée.

Le mur Nord du bassin Bérigny a été construit, sur une longueur de 227 mètres à partir de la tête amont de l'écluse, de 1824 à

1829. Il est entièrement parementé en pierre de Ranville et présente, à la cote 5^m,32, une retraite de 0^m,30, sur laquelle s'appuient des poteaux de garde espacés de 2 mètres, supportant une pièce de rive. Il a été fondé sur plate-forme, à la cote 2 mètres, dans un terrain de vase sablonneuse; cette plate-forme est supportée par quatre lignes de pilotis et défendue par une ligne de palplanches. Le noyau des maçonneries est en cailloux de mer avec mortier de chaux du pays.

Le mur est couronné par un dallage en pierre de Steinkalk d'une largeur de 3 mètres.

Le mur Sud du bassin Bérigny a été construit dans le même système, de 1836 à 1839 ; seulement les pilotis de fondation ont été remplacés, sur une partie de la longueur de ce mur, par des piquets de 0^m,10 d'équarrissage, et la ligne extérieure de palplanches a été supprimée.

Le reste des murs de quai du même bassin, formant le pourtour des deux endentures et leur raccordement avec les murs précédemment construits, a été exécuté de 1863 à 1866. Ces murs sont établis sur plates-formes comme les précédents et défendus, en outre, par une risberme à talus extérieur incliné, exécutée en béton, et par une ligne de palplanches extérieure. On y a supprimé le socle, les poteaux de garde et la pièce de rive des anciens murs. Ils sont couronnés par un dallage en granit de 1^m,50 de largeur, contre lequel s'appuie une zone pavée de 1^m,50.

Le fond de l'endenture Nord présente, pour le déchargement des bois, une cale d'une largeur égale à celle de l'endenture, formant un plan incliné, de 22^m,40 de longueur, dont la pente est de $\frac{1}{7}$. Cette cale est pavée et comprise entre deux murs de joue couronnés par des parapets.

Le quai Nord du bassin Bérigny et l'endenture Nord sont principalement affectés au déchargement des bois ; le quai Sud et l'endenture Sud, au déchargement des charbons et des fontes. A cet effet, un système de railways, se composant de trois séries de voies parallèles, raccordées entre elles par des voies courbes de petit rayon, permet d'y effectuer, d'une manière continue, l'amenée à quai et la rentrée en gare des wagons en chargement. Ce système de voies ferrées, qui occupe une zone pavée de 17 mètres de largeur et qui offre une longueur de 321 mètres, aboutit à l'extrémité de l'endenture Sud, où il se raccorde par des plaques tournantes à deux voies parallèles contournant le surplus de cette endenture. Une voie unique dessert en outre le quai entre les deux endentures. Ces voies sont partout disposées de telle sorte que la plus rapprochée du bord du quai puisse servir au transbordement direct en wagon.

À l'autre extrémité des voies ferrées, devant la gare, se trouve le hangar établi par la Compagnie des bateaux à vapeur de Dieppe à Grimsby, à laquelle sont réservées deux places à quai d'une longueur totale de 121 mètres, desservies par six grues, dont cinq à vapeur. Deux de ces grues sont fixes, les autres sont mobiles. Ce hangar est également desservi par des voies ferrées placées, de part et d'autre, sur le bord du quai et sur le côté opposé.

Le bassin Bérigny a été creusé en 1813-1817, puis curé en 1855-1858, de manière à offrir un tirant d'eau égal à celui de l'écluse ; un nouveau curage y a été exécuté en 1864-1865 pour y rétablir ce tirant d'eau.

Contre les murs en retour d'amont de l'écluse, on a établi, en 1864, des escaliers en pierre de granit, pour le service des communications par canot pendant l'ouverture du pont.

Le bassin de retenue des chasses, situé au S. E. du port, a sensiblement la forme d'un rectangle de 1,200 mètres de longueur sur 300 mètres de largeur moyenne. Il est traversé dans sa longueur par le lit de la rivière d'Arques, et limité : à l'Ouest et au Sud, par une digue en terre ; à l'Est, par le chemin de grande communication de Dieppe à Gisors. Le fond du bassin de retenue est généralement à la cote 7 mètres au-dessus du zéro, sauf sur le parcours du lit de la rivière, où il s'abaisse à la cote 5 mètres. Sa superficie est de 36 hectares, et sa contenance, de plus de 1 million de mètres cubes d'eau.

La rivière d'Arques, qui s'écoulait autrefois au fond de l'avant-port, dans la partie qui est devenue le bassin Duquesne, et qui avait été canalisée de manière à présenter deux bras parallèles, appelés, l'un, le *bras de navigation*, l'autre, le *bras de flottaison*, bras supprimés en 1866, se jette maintenant dans le bassin de retenue par une écluse-déversoir, construite en 1842 et élargie en 1861-1862. Cet ouvrage présente deux pertuis: l'un, le plus ancien, de 8 mètres de largeur, dont le seuil est arasé à la cote 6 mètres; l'autre, de $4^m,40$ de largeur, dont le seuil est descendu à la cote $4^m,50$. Ces pertuis, séparés par une pile de 2 mètres de largeur, sont fermés par des clapets en charpente de $1^m,50$ et $2^m,50$ de hauteur, qui s'opposent au passage des eaux de la mer. On peut aussi, en cas de sécheresse, déterminer un gonflement des eaux de la rivière au moyen d'aiguilles verticales, s'appuyant contre des feuillures ménagées en amont dans le radier, et contre le tablier d'une passerelle de service établie au-dessous du pont qui sert à franchir le double pertuis. Ce pont est en charpente, à une voie; la voie charretière, de $3^m,20$ de largeur, est comprise entre des trottoirs de $1^m,15$, bordés par un garde-corps en fer. Les deux pertuis sont fondés sur grillages; la fondation pour l'un descend à la cote $3^m,50$, et pour l'autre à la cote 3 mètres. Il existe à la fois un avant-radier, s'étendant à 15 mètres en aval des clapets et compris entre deux lignes de pieux et palplanches, servant d'appui à des encrèchements en béton descendus à la cote $2^m,50$; et un arrière-radier, de 5 mètres de longueur, défendu en amont par une ligne de pieux et palplanches.

L'écluse-déversoir est parementée en briques, avec pierre de taille aux angles; le mortier avec ciment de Portland a été employé pour les radiers et les parements; la chaux du pays, pour les maçonneries intérieures.

Le bassin de la retenue des chasses communique avec l'avant-port par un pertuis formé par un canal de 200 mètres de longueur et 29 mètres de largeur, compris entre deux estacades en charpente, et traversé, au milieu de sa longueur, par un pont en charpente pour le passage de la route nationale n° 25, du Havre à Lille.

L'écluse de chasse, à laquelle ce canal aboutit, comprend trois portes séparées par des piles de $2^m,60$ de largeur et offrant un débouché linéaire total de $14^m,30$.

La double estacade du canal est composée de fermes en charpente, espacées de $1^m,30$ et formées chacune par l'assemblage d'un poteau et d'une contre-fiche avec trois cours de moises horizontales. Un poinçon réunit en outre le milieu de la contre-fiche au pied du poteau. La hauteur totale de l'estacade est de $5^m,50$, y compris la saillie des poteaux qui forment montants de garde-corps au-dessus du sol; la lisse du garde-corps est à $0^m,80$ au-dessus du sol.

Le pont sur le canal des chasses est également en charpente, et comprend trois travées, dont deux travées extrêmes, de $8^m,79$ d'ouverture chacune, et une travée centrale, de $10^m,04$; elles sont séparées par deux palées; les culées seules sont en maçonnerie.

Les palées se composent chacune de sept poteaux entés sur des pieux, et reliés à la fois par trois cours de moises horizontales et par des croix de Saint-André. Les sept fermes correspondant aux sept lignes de pieux comprennent, dans chaque travée: un longeron, qui est soutenu à la fois par des corbeaux au droit des palées et des culées et par des sous-poutres sur le milieu de la travée; deux contre-fiches, qui réunissent les extrémités de ces sous-poutres aux poteaux des palées, immédiatement au-dessous des moises supérieures des palées, et deux moises pendantes, qui joignent le milieu de ces contre-fiches au sommet des palées.

Le tablier du pont offre une voie charretière de $5^m,10$ de largeur, avec deux trottoirs de $1^m,25$ de largeur chacun, et repose sur les fermes par l'intermédiaire d'entretoises espacées de $1^m,25$ d'axe en axe.

DIEPPE.

Ce pont a subi une restauration complète en 1853.

L'écluse de chasse, projetée par De Cessart, a été exécutée par Lamblardie de 1778 à 1787.

Le radier de cette écluse, ainsi que le fond du canal qui la précède, sont à la cote 4 mètres. Toute l'écluse a été fondée sur le galet dans un seul caisson, contenant les culées, le radier et les piles. Le galet avait été recouvert, préalablement à l'échouage du caisson, d'une couche de glaise et d'un matelas de mousse. Malgré ces précautions, des filtrations se firent jour à travers le galet et déterminèrent des tassements qui déformèrent complétement le radier. En 1802, les piles durent être démolies et le radier foré, pour qu'on pût battre des pieux sous les piles et sous les crapaudines des portes. D'autres trous, percés sur toute la surface du radier, servirent à faire des injections de mortier de ciment sous le radier, pour remplir les vides produits par les filtrations.

La double enceinte de pieux jointifs renfermant le caisson de fondation de l'écluse est précédée, à l'amont, d'un arrière-radier de 21 mètres de longueur, formé par neuf lignes de pieux, réunies transversalement au canal de chasse par des chapeaux portant des pièces longitudinales recouvertes d'un bordage de 0^m,08 d'épaisseur. Deux lignes de pieux jointifs, à l'amont et à l'aval, protégent cet arrière-radier, rempli de glaise injectée.

A l'aval de l'écluse, l'avant-radier est établi dans le même système et sur la même longueur; il est rempli de glaise, et aboutit à une dernière enceinte de pieux jointifs, à partir de laquelle commence un faux radier, de 14^m,20 de longueur, dont le contour extérieur présente une forme trapézoïdale. Ce contour extérieur est formé par une enceinte de pieux jointifs : huit lignes de pieux isolés, et reliés de l'aval à l'amont par des cours de moises, servent à emprisonner des enrochements de blocs calcaires.

L'écluse de chasse, depuis sa reconstruction en 1802, a subi à diverses reprises des réparations importantes. Une des dernières, effectuée de 1859 à 1862, a consisté dans la reconstruction des piles, des ponts de service et de passage qui la traversent, et dans le remplacement d'une porte et d'une partie des bordages de l'avant-radier et de l'arrière-radier, dont on a en outre rempli tous les vides. On a dû de plus, en 1867-1868, pour arrêter plus efficacement les infiltrations, établir contre la ligne de pieux jointifs, à l'aval de l'avant-radier, un encrèchement en béton de 1^m,50 de largeur, descendant jusqu'à la cote 1^m,50, et combler les vides qui s'étaient faits dans les enrochements du faux radier, au moyen de blocs artificiels de forte dimension.

Les portes de l'écluse de chasse sont des portes tournantes à axe central et à côtés inégaux. Elles ont une hauteur de 5^m,66, une largeur totale de 4^m,67, dont 1^m,66 pour le petit côté et 3^m,01 pour le grand côté. Elles sont formées par l'assemblage d'aiguilles verticales jointives dont l'épaisseur varie entre 0^m,45 et 0^m,30, et de deux doubles cours de moises de 0,40 $\times$ 0,25 d'équarrissage, placés, l'un en haut, l'autre en bas. L'aiguille centrale, formant poteau tourillon, est munie, à sa partie inférieure, d'un pivot en fonte tournant dans une crapaudine de même métal encastrée dans le radier; à sa partie supérieure, d'un manchon cylindrique en fonte tournant dans un palier porté par la charpente du pont de service. Des poteaux valets demi-circulaires, engagés dans des chardonnets de même forme, contre lesquels les faces disposées en biseau des encadrements des vantaux viennent buter, permettent, suivant leur position, de tenir les portes en fermeture ou de les faire échapper. Ces poteaux sont munis de bras horizontaux à l'extrémité desquels agit le déclenchement.

Le débit de l'écluse de chasse, immédiatement après l'ouverture des portes, peut être évalué approximativement à 165 mètres cubes par seconde. Une demi-heure après l'ouverture de l'écluse, la vitesse du courant dans le chenal est encore, en moyenne, de 2^m,50 par seconde. Cette vitesse est suffisante pour balayer les galets qui tendraient à s'amonceler dans le chenal, et même pour agir à l'extrémité des jetées. Mais l'effet utile ne dure que pendant une heure environ, et il ne permet pas de porter la largeur du chenal à plus de 25 mètres entre les jetées. Ce n'est qu'à l'aide de guideaux échoués dans le chenal, et s'appuyant contre la risberme de la jetée de l'Est, que l'on parvient à débarrasser suffisamment la passe, en cas d'obstruction, et à dégager l'extrémité de la jetée de l'Ouest, au droit de laquelle l'épanouissement du courant de chasse en paralyse l'action sur les pouliers.

Les portes de la retenue sont habituellement fermées à rebours, de manière à empêcher la mer de pénétrer dans la retenue. On prévient ainsi l'envasement du bassin de retenue et les courants violents que l'introduction de l'eau de la mer dans ce bassin détermine dans l'avant-port, où ils sont très-gênants pour les navires.

Cette écluse, construite de 1866 à 1870, a exactement la même largeur et la même profondeur de radier que l'écluse d'entrée du bassin Duquesne. Sa longueur, de tête en tête, est de 49 mètres. Son axe, perpendiculaire au mur de quai Est du bassin Duquesne, passe à $14^m,25$ de l'extrémité du pan coupé, à l'angle S. E. de ce bassin.

Le couronnement des bajoyers est établi, au droit des têtes, à la cote $10^m,47$, et au droit de la partie centrale de l'écluse, dont l'axe transversal coïncide avec l'axe de la route nationale n° 25, à la cote $10^m,17$. Cette différence de niveau est rachetée par deux rampes inclinées à $0^m,027$ par mètre.

Les parements des bajoyers sont verticaux à partir du couronnement jusqu'à la cote $6^m,06$; ils présentent ensuite un fruit de $0^m,169$ par mètre jusqu'à la rencontre du radier, qui est plan.

L'écluse est complétement symétrique par rapport à l'axe de la route nationale n° 25; les sommets des deux buscs, de part et d'autre de cet axe, sont séparés par une distance de $24^m,50$ et font saillie de $0^m,40$ sur le fond des chambres des portes.

Tout l'ouvrage est paremeuté en briques, sauf les couronnements, les chaînes d'angle, les musoirs, les chardonnets, les buscs, les bordures des radiers et les encadrements des créneaux des chaînes de manœuvre, exécutés en pierre de granit, et le socle des bajoyers, exécuté en pierre calcaire de Ranville.

La fondation de l'écluse repose, par l'intermédiaire d'une couche de béton avec mortier de ciment de Portland, sur un fond de nature variable, gravier, galet, tourbe et argile sableuse, où l'on a battu des pilots dont les têtes sont engagées dans le massif de béton. Le dessous de la couche de béton est à la cote $0^m,63$ sous la partie centrale de l'écluse, et à la cote $1^m,18$ sous les chambres des portes.

Tout le massif de béton est compris dans une enceinte de pieux jointifs. Il existe en outre un avant-radier et un arrière-radier, formés chacun par un massif de béton de $2^m,50$ à 3 mètres de largeur, et descendant à une profondeur moyenne de $1^m,80$ au-dessous des plus basses mers.

L'écluse est munie d'une double paire de portes permettant de rendre les niveaux dans les deux bassins complétement indépendants.

Du côté du bassin Duquesne, les portes sont établies dans le même système que les portes de l'écluse d'entrée de ce bassin ; elles en diffèrent par une moindre épaisseur des entretoises, qui ont seulement $0^m,55$ sur $0^m,50$ au milieu ; par la substitution du bois à la tôle pour les ventelles, au nombre de trois par vantail, et d'un débouché total de 7 mètres pour les deux vantaux ; et par la disposition des chapeaux couronnant les poteaux tourillons, qui servent en même temps à l'insertion des têtes des écharpes inclinées, et de l'étrier embrassant la partie supérieure du vantail.

Du côté du bassin de la retenue, on a remployé les anciennes portes d'entrée du bassin Duquesne à entretoises inégalement espacées. Leur épaisseur est la même que celle des autres portes ; les entretoises intermédiaires sont au nombre de sept, y compris quatre entretoises jumelées placées dans le bas. Ces portes sont munies chacune de trois ventelles, d'un débouché total de 5 mètres pour les deux vantaux.

A la condition de ne pas laisser la mer monter dans la retenue des chasses et de tenir fermées les portes de la nouvelle écluse, du côté du bassin Duquesne, il est possible de prolonger d'une manière très-sensible, en vive eau, la durée utile des marées à l'écluse d'entrée, et de ne fermer les portes de cette écluse que trois quarts d'heure environ après le plein. Grâce à la différence de niveau qui existe encore à ce moment entre la mer dans le bassin Duquesne et l'eau de la retenue, on peut, en ouvrant les ventelles de l'écluse de communication, obtenir à l'écluse d'entrée un contre-courant suffisant pour y faire équilibre au courant de jusant, de manière à opérer facilement la fermeture des portes, qui, autrement, devrait avoir lieu au plein.

La route nationale n° 25 franchit la nouvelle écluse au moyen d'un pont tournant métallique à deux volées, à deux voies charretières et à voie ferrée centrale pour le passage des wagons servant à l'exploitation des quais. La largeur totale du pont, y compris deux trottoirs de $1^m,11$ chacun, est de $6^m,67$; les deux voies charretières sont séparées par une longrine centrale, de part et d'autre de laquelle sont les rails de la voie ferrée, placés sur le bord du platelage occupant le milieu des voies charretières, que bordent des bandes de roulage en fer.

Le tablier du pont est établi à la cote $11^m,38$, au point de départ de chaque volée sur le bajoyer de l'écluse, avec une rampe de $0^m,004$ vers l'autre extrémité de la volée. La longueur de chacune est de $20^m,83$, dont $4^m,60$ entre le bord du bajoyer et le pivot, $8^m,25$ de portée et $7^m,98$ du pivot à l'extrémité de la culasse.

Le tablier est supporté par quatre fermes longitudinales semblables ; les deux fermes centrales correspondent aux rails des voies ferrées, et les fermes extrêmes aux bandes de roulage extrêmes des voies charretières. La section de ces fermes est un double T dont les tables horizontales ont une largeur uniforme de $0^m,30$ et une épaisseur uniforme de $0^m,028$, et dont l'âme varie de hauteur depuis 0^m,61 et 0^m,64, aux extrémités de la volée, jusqu'à 1^m,19, au droit du bajoyer.

Ces fermes sont reliées entre elles par de petites entretoises à double T de 0^m,20 de hauteur, espacées de 1^m,08, et sont renforcées en outre par des doubles cornières verticales, de part et d'autre de l'âme; des consoles en fer à cornière, assemblées à l'aide de ces montants verticaux, supportent les trottoirs, et des croix de Saint-André, disposées dans un système analogue, servent à contreventer les fermes en les reliant les unes aux autres.

Le système de rotation du pont comprend, pour chaque volée, un pivot fixe, supportant la crapaudine mobile du pont, et trois galets, dont deux placés au droit du pivot pour empêcher le vacillement, et un sous la culasse, qu'il soutient après le basculement. Deux verrins, aux extrémités de la volée, servent à opérer le basculement et à relever le pont après fermeture; le tablier repose alors sur des blocs de bois placés à côté des verrins. Deux guides en fonte, fixés sur les bajoyers à la retombée des fermes extrêmes, permettent d'abouter très-exactement les deux volées, et deux verrous horizontaux, mus à l'aide d'une clef et placés sur les fermes intermédiaires, rendent les deux volées solidaires pendant la fermeture.

La différence de niveau entre le couronnement des bajoyers et la chaussée à laquelle le pont donne passage est rachetée par des rampants, qui se raccordent avec le mur en arc de cercle contre lequel vient porter l'extrémité de la culasse. Ces rampants sont munis de garde-corps interrompus, pour dégager l'accès d'escaliers de service ménagés de part et d'autre de chaque volée.

Des escaliers sont en outre établis, dans les murs de tête, du côté de la retenue, pour le passage en canot des piétons pendant l'ouverture du pont. Ils descendent à la cote 6^m,47 et ont 1^m,20 de largeur.

Un mur de quai de 150 mètres de longueur continue le mur en retour Sud de la nouvelle écluse, du côté de la retenue. Il est parementé, avec un fruit de $\frac{1}{8}$, en briques, depuis le couronnement jusqu'à la cote 6^m,62, et en moellons siliceux sur le surplus de la hauteur; il est couronné, sur 1^m,20 de largeur, par un dallage en granit auquel est adossée une bande pavée de 2 mètres.

Ce mur de quai est fondé sur une couche de béton descendant jusqu'à la cote 0^m,47 et reposant sur un sol de galet et gravier; le pied en est défendu par une ligne de pieux jointifs. Ce mur a 8^m,50 de hauteur à partir de la couche de béton de fondation. Il a été construit de 1869 à 1870; le parement en briques et les maçonneries de blocage, ainsi que le béton, ont été exécutés avec mortier de ciment de Portland.

Au droit de ce mur est ouverte une souille de 100 mètres de largeur et de 2 hectares de superficie en totalité, dont le fond est à la cote du radier de l'écluse de communication. Du côté opposé au mur de quai, la souille est limitée par le relief des hauts-fonds de la retenue, qui sont en général à la cote 6^m,47, et par une digue en terre arasée à la même cote, vers l'entrée du canal des chasses. Cette disposition a pour objet d'obtenir en tout temps, dans la souille, un tirant d'eau minimum de 4^m,85, tout en permettant de disposer pour les chasses d'une tranche d'eau de 3^m,50, et en laissant aux eaux de la rivière leur libre écoulement en temps ordinaire.

Sur le côté de la retenue opposé au mur de quai, les déblais de la souille ont servi à former un terre-plein affecté aux chantiers de construction : il présente une superficie totale de 2 hectares ; le talus, vers l'intérieur de la retenue, est réglé à la pente de $\frac{1}{10}$, pour faciliter le lancement des navires.

Sur le prolongement du mur de quai, du côté Ouest, existent des parcs aux huîtres, aujourd'hui abandonnés pour la plupart, dont l'établissement remonte au commencement de ce siècle, et qui occupent encore une étendue de 77 ares.

Sur la plage de l'Ouest, quatre épis ont été construits, de 1837 à 1838, pour préserver la plage des érosions produites par les tempêtes, et pour retenir le galet, qui était alors entraîné en masses considérables vers le chenal.

Ces épis, qui consistaient chacun en une ligne de pieux distants de 1 mètre d'axe en axe et bordés sur les deux faces, ont dû être restaurés complétement en 1867-1868. Le nombre en a été ultérieurement augmenté; il est aujourd'hui de huit; leur distance n'est plus que de 105 mètres, sauf entre les épis les plus rapprochés de la jetée, où elle est encore de 200 mètres; leur longueur est généralement de 85 mètres; ils descendent jusqu'au pied de l'estran de galet. Afin de les garantir contre le renversement résultant d'une trop forte charge de galet, soit à l'Ouest, soit à l'Est, on a renforcé ces épis d'une double ligne d'étais s'appuyant sur deux lignes de pieux réunis deux à deux par des moises, et formant ainsi des assemblages triangulaires.

Les pieux de ces épis ont généralement un équarrissage de $0,25 \times 0,25$, les bordages $0^m,08$, et les chapeaux $0,40 \times 0,25$; on a employé le bois de chêne pour la partie au-dessus des hautes mers de morte eau, et le bois de hêtre pour la partie au-dessous.

Indépendamment de ces épis de petite dimension, il existe un grand épi à 158 mètres de distance de la jetée de l'Ouest. Il a été établi en 1856-1858, avec la destination spéciale de former avec cette jetée un réservoir à galet, qui, maintenu habituellement vide par les extractions opérées pour le lestage, servirait à emmagasiner les masses de galet détachées de la plage par les vents d'Ouest et à prévenir l'invasion du chenal. Cet épi est constitué par un coffrage de section triangulaire, dont l'arête supérieure, horizontale au sommet sur une longueur de 36 mètres, est ensuite inclinée à $\frac{1}{7,5}$ sur une longueur de 75 mètres. Chaque ferme de l'épi comprend un pieu central formant poinçon, deux arbalétriers inclinés à $\frac{1}{2}$ et un entrait-moise porté par deux pieux extérieurs. Les fermes sont distantes de 3 mètres; des palplanches garnissent l'intervalle des pieux extérieurs des fermes, et un bordage de 0^m,10 d'épaisseur recouvre les arbalétriers, qui supportent à leur croisement supérieur un chapeau de forte dimension. Un double cours de moises réunit en outre les pieux et palplanches au pied des arbalétriers; le coffrage est tout entier rempli de galet.

On y a adopté la même ligne de séparation pour les bois de chêne et de hêtre que dans les précédents épis.

Cet épi a bien rempli sa destination, grâce au développement de l'industrie du lestage; toutefois, pendant la série de tempêtes des hivers de 1865-1866, 1866-1867, il n'a pas suffi pour préserver de l'invasion du galet le chenal, dont l'obstruction n'a disparu que sous l'action des chasses aidées des guideaux.

Sur la plage de l'Est, un épi en maçonnerie a été construit en 1869, pour arrêter les dégradations de la plage et les envahissements de la mer, qui menaçait de s'avancer jusqu'à l'enracinement des jetées. Cet épi, fondé sur la roche calcaire, a été exécuté tout entier en maçonnerie de moellons siliceux avec mortier de ciment de Portland. Il a une longueur totale de 60 mètres, dont 25 mètres en palier et 35 mètres en pente de $\frac{1}{15}$. Sa section est trapézoïdale; les deux parements ont un fruit de $\frac{1}{8}$; le couronnement est légèrement courbe, avec une flèche de 0^m,31 au sommet et de 0^m,24 à la base de l'épi. Sa largeur diminue avec sa hauteur; elle est de 3^m,80 au sommet, où la hauteur est de 3^m,35, et de 2 mètres à la base, où cette hauteur est réduite à 1 mètre.

Depuis sa construction, l'estran de galet s'est reconstitué sur une très-grande largeur à l'Ouest.

Sur le même côté, à travers le prolongement du mur d'enceinte du grand brise-lames de l'Est, on a ouvert en 1868 une cale pour le lancement du canot de sauvetage. Cette cale a une inclinaison de $\frac{1}{6}$; sa largeur, de 5 mètres au droit du seuil, va en augmentant, et atteint 6 mètres au sommet. Les murs de joue et le sol de la cale sont parementés en blocs siliceux; son seuil est à la cote 8^m,44. Un fort pieu battu à 10 mètres au delà du sommet de la cale sert à faciliter la remonte du canot sur le plan incliné.

LOIS, DÉCISIONS ET DÉPENSES.

DATES DES LOIS ET DÉCISIONS.	DÉSIGNATION DES TRAVAUX.	DÉPENSES PAR TRAVAIL ou POUR UN ENSEMBLE de travaux.	PAR PORT, BASSIN, ETC.
	1° CHENAL ET JETÉES.		
	TRAVAUX EXÉCUTÉS ANTÉRIEUREMENT AU PROGRAMME DU 8 SEPTEMBRE 1853.		
Décision du 22 août 1810.	Construction de 63 mètres d'estacade à la suite de l'épi du Petit-Veules....................		
Décision du 31 janvier 1834.	Creusement du chenal.........		
Décision du 28 sept. 1837.	Prolongement de la jetée Est, comprenant la construction d'un grand brise-lames...........		
	Construction de guideaux pour les chasses...................		
Décision du 24 avril 1840.	Reconstruction de la petite claire-voie du Pollet et remplacement par un mur d'une vieille estacade en retour............	5,604,584f 03c	
Décision du 10 mai 1841...	Construction de 80 mètres d'estacade devant le faubourg du Petit-Veules.................		
Décision du 15 juillet 1842.	Construction de 110 mètres d'estacade devant le faubourg du Petit-Veules.................		
Décision du 14 avril 1843.	Reconstruction du musoir de la jetée Ouest.................		
Décision du 8 juillet 1851.	Amélioration du petit brise-lames du Pollet................		
	TRAVAUX EXÉCUTÉS POSTÉRIEUREMENT AU PROGRAMME DU 8 SEPTEMBRE 1853, TANT EN VERTU DE CE PROGRAMME ET DU DÉCRET DU 21 FÉVRIER 1863 QU'EN DEHORS DE CES DISPOSITIONS.	—	
Décision du 22 juin 1854[1].	Amélioration du brise-lames de la jetée Est.................	166,843 20	
Décision du 26 juin 1855[1].	Construction d'un brise-lames dans la jetée de l'Ouest.........	482,181 59	
Décision du 11 nov. 1859.	Restauration de la claire-voie du petit brise-lames du Pollet....	8,547 76	
	A reporter.........	6,261,656.58	

[1] Programme du 8 septembre 1853.

DIEPPE.

DATES DES LOIS ET DÉCISIONS.	DÉSIGNATION DES TRAVAUX.	DÉPENSES PAR TRAVAIL ou POUR UN ENSEMBLE de travaux.	PAR PORT, BASSIN, ETC.
	Report.............	6,261,656f 58c	
Décisions des 4 octobre 1865 et 18 mai 1867 [1].	Construction de sept guideaux pour les chasses................	17,100 00	
Décisions des 25 oct. 1866, 28 févr. 1868 et 17 août 1869.	Construction d'un abri et de deux cales de lancement pour le canot de sauvetage................	17,200 00	
Décisions des 28 juin 1867 et 11 décembre 1869 [1].	Restauration de la claire-voie du brise-lames de la jetée Est et du musoir de cette jetée.........	87,834 66	6,383,791f 24c
	2° AVANT-PORT.		
	TRAVAUX EXÉCUTÉS ANTÉRIEUREMENT AU PROGRAMME DU 8 SEPTEMBRE 1853.		
Décision du 30 avril 1818.	Construction de 80 mètres de mur de quai dans l'avant-port (côté de Dieppe)...............		
Décision du 31 janv. 1834.	Travaux de creusement........		
Décision du 13 déc. 1839.	Construction d'un mur de quai à la suite du mur en retour à l'entrée du chenal (côté du Pollet).		
Décision du 17 juin 1846..	Construction d'un aqueduc passant sous la rue d'Écosse, le marché aux Veaux et le quai Duquesne, et débouchant dans l'avant-port.	834,000f 00c	
Décisions des 19 janv. 1848 et 13 novembre 1849...	Travaux de creusement........		
Décision du 29 nov. 1848..	Réparation du mur du quai Henri IV.		
	TRAVAUX EXÉCUTÉS POSTÉRIEUREMENT AU PROGRAMME DU 8 SEPTEMBRE 1853, TANT EN VERTU DE CE PROGRAMME ET DU DÉCRET DU 21 FÉVRIER 1863 QU'EN DEHORS DE CES DISPOSITIONS.		
Décision du 24 mai 1854 [2].	Travaux de creusement........	397,237 23	
Décision du 3 mars 1855.	Construction du mur du gril de carénage................	130,562 68	
Décision du 20 août 1858.	Construction d'un gril de carénage.	17,352 88	
Décision du 17 février 1860.	Restauration de la cale du Pollet.	34,656 72	
Décision du 23 juin 1862...	Construction d'un mur de quai en remplacement d'une estacade formant mur en retour de l'écluse de chasse............	26,921 80	1,440,731 31
	A reporter.................		7,824,522 55

[1] Travaux rattachés au décret du 21 février 1863.
[2] Programme du 8 septembre 1853.

LOIS, DÉCISIONS ET DÉPENSES.

DATES DES LOIS ET DÉCISIONS.	DÉSIGNATION DES TRAVAUX.	DÉPENSES PAR TRAVAIL ou POUR UN ENSEMBLE de travaux.	PAR PORT, BASSIN, ETC.
	Report............	....	7,824,522f 55c
	3° BASSIN DUQUESNE.		
	TRAVAUX EXÉCUTÉS ANTÉRIEUREMENT AU PROGRAMME DU 8 SEPTEMBRE 1853.		
Décision du 16 avril 1829.	Creusement d'une passe pour accéder à l'écluse Bérigny......		
Décision du 17 avril 1829.	Construction d'un aqueduc à l'extrémité Est de la rue d'Écosse et d'une chaussée d'empierrement.		
Décision du 19 janv. 1830.	Construction de 156m,50 d'estacade à l'Est, depuis l'escalier jusqu'à l'angle Sud-Est........		
Décision du 28 mai 1831...	Construction de 152m,20 de mur à l'Ouest, à la suite du mur en retour de l'écluse Bérigny.....		
Décision du 12 sept. 1831.	Construction de 57 mètres d'estacade au Sud............	4,151,000f 00c	
Décision du 9 mai 1833...	Construction d'une estacade à l'Est, depuis l'escalier jusqu'à l'angle Nord-Est.,..........		
Décision du 31 janv. 1834.	Creusement d'un chenal pour accéder au bassin Bérigny......		
Décision du 2 mai 1835...	Construction de 100 mètres de mur à l'Ouest, à la suite de l'escalier.		
Décision du 28 février 1840.	Construction de l'écluse d'entrée.		
Décision du 21 mai 1842...	Reconstruction de l'écluse à clapets au fond du bassin..........		
Décision des 19 janv. 1848 et 13 novembre 1849.	Travaux de creusement........		
	TRAVAUX EXÉCUTÉS POSTÉRIEUREMENT AU PROGRAMME DU 8 SEPTEMBRE 1853, TANT EN VERTU DE CE PROGRAMME ET DU DÉCRET DU 21 FÉVRIER 1863 QU'EN DEHORS DE CES DISPOSITIONS.	—	
Décision du 5 nov. 1853 [1].	Construction de 77m,75 de mur de quai à l'extrémité Sud-Est du quai de l'Arrière-port.......	117,429 82	
Décision du 24 mai 1854 [1].	Travaux de dragage...........	179,356 03	
Décision du 29 juillet 1857.	Construction de portes de flot....	40,710 34	
Décision du 27 oct. 1857.	Construction du bureau de port.	2,800 00	
Décision du 7 mars 1863..	Curage du bassin.............	87,352 12	
	A reporter.........	4,578,648 31	7,824,522 55

[1] Programme du 8 septembre 1853.

DIEPPE.

DATES DES LOIS ET DÉCISIONS.	DÉSIGNATION DES TRAVAUX.	DÉPENSES	
		PAR TRAVAIL ou POUR UN ENSEMBLE de travaux.	PAR PORT, BASSIN, ETC.
	Report............	4,578,648ᶠ 31ᶜ	7,824,522ᶠ 55ᶜ
Décision du 23 juin 1863 [1].	Construction de 30 mètres de mur de quai au Sud du bassin et fondation d'une grue de 30 tonnes appartenant à la Chambre de commerce................	75,551 95	
Décision du 27 août 1867 [2].	Remplacement des portes d'ebbe du bassin Duquesne...........	57,855 54	4,712,055 80
	4° BASSIN BÉRIGNY.		
	TRAVAUX EXÉCUTÉS ANTÉRIEUREMENT AU PROGRAMME DU 8 SEPTEMBRE 1853.		
Décision du 14 février 1806.	Construction du bassin Bérigny...		
Décision du 11 juin 1817.	Construction de 200 mètres de mur de quai aux abords de l'écluse Bérigny.................		
Décision du 7 mai 1824..	Construction de 200 mètres de mur de quai au Nord du bassin Bérigny..................		
Décision du 28 avril 1828.	Construction de 30 mètres de mur de quai à l'angle Sud-Est du bassin Bérigny............	1,964,000ᶠ 00ᶜ	
Décision du 4 mars 1829.	Établissement du quai Bérigny...		
Décision du 4 mars 1829.	Travaux de creusement.........		
Décision du 19 nov. 1835.	Construction de 238 mètres de mur de quai au Sud du bassin Bérigny...................		
Décision du 30 janv. 1845.	Reconstruction des portes d'ebbe de l'écluse................		
Décision du 20 mai 1845...	Curage du bassin............		
	TRAVAUX EXÉCUTÉS POSTÉRIEUREMENT AU PROGRAMME DU 8 SEPTEMBRE 1853, TANT EN VERTU DE CE PROGRAMME ET DU DÉCRET DU 21 FÉVRIER 1863 QU'EN DEHORS DE CES DISPOSITIONS.		
Décision du 24 mai 1854 [3].	Travaux de dragage..........	107,463 44	
Décision du 19 oct. 1860 [3].	Restauration du pont tournant...	12,901 11	
Décision du 13 déc. 1862 [1].	Achèvement du bassin.........	937,372 64	
	A reporter.........	3,021,737 19	12,536,578 35

[1] Décret du 21 février 1863.
[2] Travaux rattachés au décret du 21 février 1863.
[3] Programme du 8 septembre 1853.

LOIS, DÉCISIONS ET DÉPENSES.

DATES DES LOIS ET DÉCISIONS.	DÉSIGNATION DES TRAVAUX.	DÉPENSES PAR TRAVAIL ou POUR UN ENSEMBLE de travaux.	PAR PONT, BASSIN, ETC.
	Report............	3,021,737f 19c	12,536,578f 35c
Décision du 7 mars 1863.	Curage du bassin............	28,052 00	
Décision du 16 mai 1863 [1].	Consolidation d'une partie des murs de quai au Sud de ce bassin...	21,551 62	
Décision du 10 nov. 1865.	Reconstruction des portes d'ebbe de ce bassin............	24,517 60	3,095,858 41
	5° RETENUE DES CHASSES.		
	TRAVAUX EXÉCUTÉS ANTÉRIEUREMENT AU PROGRAMME DU 8 SEPTEMBRE 1853.		
Décision du 20 déc. 1777.	Construction de la retenue, du canal et de l'écluse des chasses...		
Décision du 3 mai 1817...	Restauration du pont en charpente sur le canal des chasses......		
Décision du 12 janv. 1835.	Reconstruction de deux portes d'un passage de l'écluse de chasse...		
Décision du 14 février 1839.	Remplacement de deux portes de l'écluse de chasse par un seul vantail............	2,300,000f 00c	
Décision du 21 mai 1842...	Construction d'un déversoir en maçonnerie en remplacement de l'ancien déversoir en charpente à l'extrémité de la retenue....		
Décision du 21 mars 1845.	Reconstruction de 90m,42 d'estacade sur la rive droite du canal des chasses, en amont du pont.		
Décision du 3 août 1847...	Réparation des piles de l'écluse de chasse............		
	TRAVAUX EXÉCUTÉS POSTÉRIEUREMENT AU PROGRAMME DU 8 SEPTEMBRE 1853, TANT EN VERTU DE CE PROGRAMME ET DU DÉCRET DU 21 FÉVRIER 1863 QU'EN DEHORS DE CES DISPOSITIONS.	—	
Décision du 27 juillet 1852 [2].	Reconstruction de 93m,50 d'estacade sur la rive gauche du canal des chasses, en aval du pont.	49,538 72	
Décision du 24 déc. 1852 [2].	Reconstruction du pont du canal des chasses............	28,936 71	
Décision du 1er juin 1853.	Réparation de l'écluse de chasse.	10,000 00	
	A reporter.........	2,388,475 43	15,632,436 76

[1] Travaux rattachés au décret du 21 février 1863.
[2] Programme du 8 septembre 1853.

DATES DES LOIS ET DÉCISIONS.	DÉSIGNATION DES TRAVAUX.	DÉPENSES	
		PAR TRAVAIL OU POUR UN ENSEMBLE de travaux.	PAR PORT, BASSIN, ETC.
	Report............	2,388,475f 43c	15,632,436f 76c
Décision du 22 avril 1854 [1].	Restauration de l'écluse de chasse..	152,017 36	
Décision du 1er févr. 1859 [1].	Reconstruction d'une partie de l'estacade sur la rive gauche du canal des chasses, en amont du pont............	38,972 13	
Décision du 26 août 1859.	Reconstruction d'une partie d'estacade sur la rive droite du canal des chasses, en aval du pont...	35,611 44	
Décision du 11 nov. 1859 [1].	Agrandissement de l'écluse-déversoir du fond de la retenue....	54,143 33	
Décision du 24 juin 1867 [2].	Réparation de l'écluse de chasse.	40,000 00	
Décisions des 22 avril 1866 et 13 janvier 1870 [3].	Remblai d'une partie des canaux de navigation et de flottaison, et construction d'un égout....	13,730 23	2,722,949 92
	6° SOUILLE DANS LA RETENUE [3].		
Décision du 30 juin 1865..	Construction de l'écluse de communication du bassin Duquesne avec la souille............	1,099,178f 91c	
Décision du 8 janvier 1867.	Construction d'un pont métallique à deux voies sur ladite écluse.	67,998 88	
Décision du 18 février 1868.	Construction de deux paires de portes pour cette écluse.....	109,775 45	
Décision du 5 déc. 1868...	Construction d'un mur dans la retenue, en retour de l'écluse...	331,853 80	
Décision du 26 août 1869.	Creusement d'une souille dans la retenue et établissement d'un terre-plein pour les chantiers de construction.............	230,200 00	1,839,007 04
	7° TRAVAUX DE DÉFENSE DE LA PLAGE.		
Décision du 28 sept. 1837.	Construction de cinq épis sur la plage de l'Ouest...........	82,024f 66c	
Décision du 2 janv. 1856 [1].	Construction d'un épi de grandes dimensions..............	106,279 16	
	A reporter........	188,303 82	20,194,393 72

[1] Programme du 8 septembre 1853.
[2] Travaux rattachés au décret du 21 février 1863.
[3] Tous les travaux de la souille ont été déclarés d'utilité publique par décret du 21 février 1863.

DATES DES LOIS ET DÉCISIONS.	DÉSIGNATION DES TRAVAUX.	DÉPENSES	
		PAR TRAVAIL ou POUR UN ENSEMBLE de travaux.	PAR PORT, BASSIN, ETC.
	Report............	188,303^f 82^c	20,194,393^f 72^c
Décision du 16 avril 1867[1].	Réparation des épis de la plage de l'Ouest...................	51,252 17	
Décision du 16 avril 1867[1].	Construction d'un sixième épi sur la plage de l'Ouest.........	13,180 10	
Décision du 5 mai 1868[1]..	Construction d'un huitième épi sur la plage de l'Ouest.........	19,000 00	
Décision du 15 déc. 1868[1].	Construction d'un épi sur la plage de l'Est.................	23,000 00	
Décision du 11 mai 1869[1].	Construction et réparation d'épis sur la plage de l'Ouest.......	33,000 00	327,736 09
	Total des dépenses.................		20,522,129 81[2]

[1] Travaux rattachés au décret du 21 février 1868.
[2] Ce total ne comprend pas les dépenses d'entretien des ouvrages, de manœuvre des écluses et d'éclairage des quais, qui s'élèvent annuellement à 61,000 francs.

CHAPITRE IV.

RENSEIGNEMENTS ÉCONOMIQUES ET COMMERCIAUX.

Le tonnage total de jauge du port de Dieppe, non compris les mouvements de la pêche côtière, s'est élevé, en 1869, à 638,774 tonneaux, répartis ainsi qu'il suit :

DÉSIGNATION DES NAVIRES.	NOMBRE DE NAVIRES.			TONNAGE DE JAUGE.			TONNAGE MOYEN.
	ENTRÉE.	SORTIE.	TOTAL.	ENTRÉE.	SORTIE.	TOTAL.	
Navires à voiles....	661	644	1,305	107,156^t	106,115^t	213,271^t	163^t
Navires à vapeur...	911	911	1,822	212,849	212,654	425,503	233
Totaux et moyenne..	......	......	3,127	......	......	638,774	204

Les navires entrés en relâche en 1869 sont au nombre de 35, jaugeant 3,369 tonneaux.

Les relâcheurs se tiennent généralement à l'ancre sur les vases du milieu de l'avant-port.

Le port possède aujourd'hui deux remorqueurs, de 30 chevaux de force chacun, faisant un service très-régulier dans la rade.

Dieppe a expédié, en 1869, 19 navires à Terre-Neuve et 6 en Islande.

Le tonnage de ces 25 navires était de 3,884 tonneaux; ils étaient montés par 490 hommes d'équipage ; les produits se sont élevés en argent à 994,334 francs.

La pêche côtière a employé pendant la même année 146 barques ou grands canots, jaugeant ensemble 2,784 tonneaux et montés par 1,314 marins.

Le poids total du poisson pêché a été de 5,261 tonnes, qui ont produit une somme de 1,564,867 francs. Ce produit ne comprend pas le prix du poisson livré à Dieppe par des bateaux étrangers au port, qui a atteint une somme de 1 million de francs environ.

Le port de Dieppe n'entretient guère de relations qu'avec l'Angleterre et les pays du Nord de l'Europe. Les importations consistent principalement :

1° En charbons anglais pour les usines du département, qui ont figuré pour 235,300 tonnes dans le mouvement de 1869 ;

2° En fontes du Nord de l'Angleterre et du pays de Galles, dont le chiffre est de 16,000 tonnes pour la même année ;

3° En bois du Nord, comptés pour 63,300 tonnes dans le même mouvement ;

4° En filaments à ouvrer et tissus provenant principalement des entrepôts anglais.

Les exportations, qui se sont considérablement développées dans ces dernières années, consistent surtout en céréales, boissons, articles de Paris.

Au lestage, qui a eu de tout temps une grande importance et qui s'approvisionne principalement sur la plage de l'Ouest, se rattache une exportation spéciale : celle des cailloux choisis, extraits des plages, pour les fabriques de produits céramiques en Angleterre. L'exportation de ces cailloux, qui constituent aujourd'hui pour les navires charbonniers un véritable fret de retour, a atteint, 30,000 tonnes en 1869, le lestage ordinaire ayant porté sur 40,000 tonnes environ de galet ordinaire et de marne extraite des falaises.

Les importations et les exportations sont résumées, pour les dix dernières années, dans le tableau suivant :

ANNÉES.	IMPORTATION.	EXPORTATION.	TOTAL.
1860	245,202^t	14,676^t	259,878^t
1861	288,747	12,397	301,144
1862	252,250	22,405	274,655
1863	219,010	29,980	248,990
1864	238,555	43,299	281,854
1865	273,984	69,216	343,200
1866	346,154	75,932	422,086
1867	393,232	67,235	460,467
1868	355,542	78,608	434,150
1869	358,513	74,609	433,122

Un service régulier entre Dieppe et Londres, par New-Haven, est fait par une ligne de paquebots anglais. Ce service, qui transporte des voyageurs et des marchandises, a, en hiver, un départ tous les jours, sauf le dimanche, et deux en été. Pendant cette dernière saison, ce service est en correspondance avec des trains spéciaux de marée sur Londres et sur Paris. La traversée entre Dieppe et New-Haven demandant de cinq à six heures, ces paquebots, qui ont 2^m,10 de tirant d'eau, entrent et sortent généralement à mi-marée.

Le nombre des voyageurs transportés pendant la même période est donné par le tableau suivant :

ANNÉES.	NOMBRE DE VOYAGEURS.	ANNÉES.	NOMBRE DE VOYAGEURS.
1860	39,729	1865	47,692
1861	43,044	1866	37,600
1862	55,052	1867	88,654
1863	41,468	1868	36,129
1864	45,487	1869	40,726

Un autre service régulier, affecté principalement au transport des marchandises, existe entre Dieppe et Grimsby ; ce service, qui est fait actuellement par cinq vapeurs, a trois départs par semaine.

Un embranchement du chemin de fer de l'Ouest relie, depuis l'année 1848, le port de Dieppe à la ligne de Paris au Havre. La gare est établie sur le quai Sud du bassin Bérigny, et elle est mise en communication avec ce quai, ainsi qu'avec les quais Sud et Est du bassin Duquesne, par un réseau de voies ferrées pour le transbordement direct des marchandises.

Ce réseau doit être prochainement complété par l'addition d'une voie spéciale, conduisant dans l'avant-port, au quai des Paquebots, à travers l'écluse Bérigny.

Une ligne directe sur Paris, par Neufchâtel et Gournay, doit être en outre ouverte, selon toute probabilité, en 1873, et un chemin de fer d'intérêt local entre Dieppe et Eu vient d'être concédé.

Le mouvement dans la gare de Dieppe, dans ces dix dernières années, est donné dans le tableau de la page suivante, extrait des statistiques annuelles de la Compagnie.

DIEPPE.

ANNÉES.	NOMBRE DE VOYAGEURS		TONNAGE DES MARCHANDISES.				PRODUITS A L'EXPÉDITION.		
			GRANDE VITESSE.		PETITE VITESSE.				
	À L'EXPÉDITION.	À L'ARRIVAGE.	À L'EXPÉDITION.	À L'ARRIVAGE.	À L'EXPÉDITION.	À L'ARRIVAGE.	VOYAGEURS.	MARCHANDISES ET ACCESSOIRES (grande et petite vitesse).	TOTAL.
1860	76,146	73,915	1,879^t	530^t	223,452^t	25,463^t	509,571^f 95^c	1,285,237^f 70^c	1,794,809^f 65^c
1861	90,524	88,756	3,385	949	264,226	28,883	587,771 68	1,608,483 62	2,196,255 30
1862	95,816	93,620	4,046	1,103	238,825	32,555	608,752 63	1,589,377 54	2,198,130 17
1863	91,342	90,890	3,493	1,567	213,498	40,038	572,872 28	1,325,840 18	1,898,712 46
1864	93,770	93,443	4,821	2,268	201,435	44,477	588,234 22	1,322,558 36	1,910,792 58
1865	103,670	103,220	4,176	1,509	224,611	52,078	601,812 24	1,373,011 00	1,974,823 24
1866	95,936	94,569	3,977	2,027	268,180	56,736	559,546 42	1,614,895 18	2,174,441 60
1867	122,861	116,359	4,254	2,764	302,577	40,786	804,661 88	1,793,935 78	2,598,597 66
1868	104,402	101,411	4,530	2,477	301,937	50,304	606,430 30	1,770,267 35	2,376,697 65
1869	109,876	107,710	4,240	2,667	305,057	57,083	619,719 43	1,835,102 25	2,454,821 68

BIBLIOGRAPHIE. 53

Au port de Dieppe viennent aboutir :

La route nationale n° 15, de Paris à Dieppe ;
La route nationale n° 25, du Havre à Lille ;
La route nationale n° 27, de Rouen à Dieppe ;
La route départementale n° 5, de Dieppe à Beauvais ;
La route départementale n° 24, de Dieppe à Saint-Martin-Osmonville ;
Le chemin de grande communication n° 1, de Dieppe à Gisors ;
Le chemin de grande communication n° 75, de Dieppe à Saint-Aubin-sur-Mer.

Les routes n'ont à supporter qu'une circulation exclusivement locale ; les comptages effectués en 1869 ont donné les résultats suivants, pour la circulation diurne à Dieppe et aux abords de Dieppe :

DÉSIGNATION DES ROUTES.	VOITURES					TOTAL des VOITURES chargées.	TOTAL GÉNÉRAL.
	D'AGRI-CULTURE.	DE ROULAGE.	D'ENTRE-PRISES régulières pour voyageurs.	PARTICU-LIÈRES.	VIDES.		
Route nationale n° 15.....	63,6	90,6	0,8	66,3	48,8	221,3	270,1
Route nationale n° 25.....	101,0	259,0	55,6	100,4	249,0	516,0	765,0
Route nationale n° 27.....	27,0	63,0	"	62,3	43,9	152,3	196,2
Route départementale n° 5.	41,8	55,5	12,2	32,9	46,1	142,4	188,5
Route départementale n° 24.	60,7	117,9	"	35,0	66,8	213,6	280,4

BIBLIOGRAPHIE.

Les ouvrages comprenant les renseignements les plus complets sur le port et la ville de Dieppe sont les suivants :

J. A. Samson-Desmarquets. Dieppe. 1785.
Notice sur Dieppe et Arques, par M. Féret. 1824.

Histoire des anciennes villes de France; recherches sur leurs origines, sur leurs monuments, sur le rôle qu'elles ont joué dans nos provinces, par L. Vitet. Haute Normandie. Dieppe. 1833.

Notice historique sur la ville et le port de Dieppe, par M. Frissard. 1855.

Les plans et documents conservés dans les archives des ponts et chaussées ne remontent guère au delà de l'année 1770.

STATISTIQUE.

RENSEIGNEMENTS GÉNÉRAUX.

MARÉES.

Établissement du port.	$11^h 8^m$
Unité de hauteur.	$4^m,60$
Durée de l'étale.	//

HAUTEUR, PAR RAPPORT AU ZÉRO DES CARTES MARINES, DU NIVEAU MOYEN

Des pleines mers de vive eau ordinaires.	$9^m,17$
Des pleines mers de morte eau ordinaires.	$7,12$

CHENAL ENTRE LES JETÉES.

Largeur à l'entrée	d'un musoir à l'autre.	$75^m,00$
	dans la partie la plus étroite.	$45,00$
Longueur.		$600,00$
Profondeur d'eau	en vive eau ordinaire.	$7,80$
	en morte eau ordinaire.	$5,75$

ÉCLUSES DES BASSINS À FLOT.

Largeur.		Écluse d'entrée du bassin Duquesne.	$16^m,50$
		Écluse d'entrée du bassin Bérigny.	$14,00$
		Écluse d'entrée du bassin de la retenue.	$16,50$
Longueur.		Écluse d'entrée du bassin Duquesne.	$42,16$
		Écluse d'entrée du bassin Bérigny.	$38,42$
		Écluse d'entrée du bassin de la retenue.	$49,00$
Hauteur d'eau sur le busc de l'écluse.	en vive eau ordinaire.	Écluse d'entrée du bassin Duquesne.	$7,55$
		Écluse d'entrée du bassin Bérigny.	$7,20$
		Écluse d'entrée du bassin de la retenue.	$7,55$
	en morte eau ordinaire.	Écluse d'entrée du bassin Duquesne.	$5,50$
		Écluse d'entrée du bassin Bérigny.	$5,15$
		Écluse d'entrée du bassin de la retenue.	$5,50$

SUPERFICIE AFFECTÉE AU SÉJOUR DES NAVIRES.

Avant-port ou port d'échouage.	$6^h,50$
Bassins à flot.	$9,60$

DIEPPE.

LONGUEUR TOTALE DES QUAIS

De l'avant-port ou port d'échouage.................................. 1,018^m,00
Des bassins à flot... 1,901 ,50

LONGUEUR UTILISABLE DES QUAIS

De l'avant-port ou port d'échouage.................................. 787^m,00
Des bassins à flot... 1,901 ,50

SUPERFICIE TOTALE DES TERRE-PLEINS DES QUAIS

De l'avant-port ou port d'échouage.................................. 13,790^{mq}
Des bassins à flot... 45,970

SUPERFICIE UTILISABLE DES TERRE-PLEINS DES QUAIS

De l'avant-port ou port d'échouage.................................. 12,513^{mq},80
Des bassins à flot... 45,970 ,00

BASSIN DES CHASSES.

Superficie... 36 hectares.
Contenance en pleine mer de vive eau ordinaire..................... 1,000,000^{mc}

Dépenses totales de premier établissement au 1er janvier 1873........... 20,522,129^f 81^c

STATISTIQUE.

ENTRÉES.

ANNÉES.	NATIONA-LITÉS.	NAVIRES À VOILES.				NAVIRES À VAPEUR.				RELÂCHEURS.		TOTAL des TROIS CATÉGORIES.	
		NOMBRE DES NAVIRES			Ton-nage.	NOMBRE DES NAVIRES			Ton-nage.	Nom-bre.	Ton-nage.	Nom-bre.	Ton-nage.
		char-gés.	sur lest.	total.		char-gés.	sur lest.	total.					
1860	Français..	266	19	285	19,488¹	27	»	27	8,586¹	21	1,405¹	1,496	224,552¹
	Étrangers.	674	»	674	107,686	477	5	482	86,560	7	827		
1861	Français..	278	31	309	22,285	28	»	28	8,904	14	1,069	1,659	255,848
	Étrangers.	786	1	787	131,219	508	5	513	91,612	8	759		
1862	Français..	214	21	235	17,428	36	»	36	11,338	36	2,125	1,781	253,842
	Étrangers.	763	6	769	95,974	690	10	700	126,489	5	538		
1863	Français..	161	40	201	15,259	33	»	33	10,494	44	3,380	1,544	232,648
	Étrangers.	544	2	546	76,046	707	5	712	126,697	8	772		
1864	Français..	189	37	226	18,571	33	»	33	10,494	18	1,194	1,685	264,786
	Étrangers.	543	2	545	76,976	860	»	860	157,203	3	248		
1865	Français..	190	15	205	15,881	50	»	50	16,729	21	1,684	1,621	276,165
	Étrangers.	549	4	553	85,007	783	»	783	155,940	9	924		
1866	Français..	185	10	195	17,982	65	»	65	22,220	31	1,945	1,617	300,396
	Étrangers.	589	1	590	101,186	722	10	732	156,782	4	281		
1867	Français..	157	5	162	16,095	77	»	77	26,225	25	1,784	1,809	400,712
	Étrangers.	521	1	522	91,465	1,011	3	1,014	264,226	9	967		
1868	Français..	129	9	138	12,696	83	»	83	26,624	32	2,500	1,548	330,640
	Étrangers.	504	2	506	85,069	768	14	782	203,172	7	589		
1869	Français..	82	32	114	9,069	107	»	107	32,504	19	2,080	1,583	324,676
	Étrangers.	523	»	523	99,389	789	15	804	180,345	16	1,289		

DIEPPE.

SORTIES.

ANNÉES.	NATIONA-LITÉS.	NAVIRES À VOILES.				NAVIRES À VAPEUR.				RELÂCHEURS.		TOTAL des TROIS CATÉGORIES.	
		NOMBRE DES NAVIRES			Ton-nage.	NOMBRE DES NAVIRES			Ton-nage.	Nom-bre.	Ton-nage.	Nom-bre.	Ton-nage.
		char-gés.	sur lest.	total.		char-gés.	sur lest.	total.					
1860	Français..	128	168	296	21,513¹	26	»	26	8,268¹	21	1,405¹	1,482	223,547¹
	Étrangers.	14	630	644	103,640	420	68	488	87,894	7	827		
1861	Français..	137	171	308	24,050	28	»	28	8,904	14	1,069	1,663	258,946
	Étrangers.	40	754	794	132,656	450	61	511	91,508	8	759		
1862	Français..	131	96	227	16,586	33	»	33	10,494	36	2,125	1,756	251,231
	Étrangers.	70	688	758	96.412	604	93	697	125,076	5	538		
1863	Français..	118	101	219	16,542	32	»	32	10,176	44	3,380	1,572	237,599
	Étrangers.	79	477	556	78,968	617	96	713	127,761	8	772		
1864	Français..	116	97	213	17,286	34	»	34	10,812	18	1,194	1,681	266,863
	Étrangers.	160	395	555	81,632	774	84	858	155,691	3	248		
1865	Français..	130	78	208	18,209	46	3	49	16,486	21	1,684	1,617	280,949
	Étrangers.	128	417	545	88,181	785	»	785	155,465	9	924		
1866	Français..	126	96	222	21,343	62	1	63	21,410	81	1,945	1,649	290,175
	Étrangers.	180	419	599	86,923	602	128	730	158,273	4	281		
1867	Français..	94	73	167	15,337	73	3	76	26,457	25	1,734	1,805	399,245
	Étrangers.	198	317	515	94,569	832	181	1,013	260,181	9	967		
1868	Français..	86	54	140	12,892	84	»	84	26,760	32	2,500	1,571	333,260
	Étrangers.	239	290	527	88,796	622	159	781	201,723	7	589		
1869	Français..	118	50	168	16,170	101	5	106	32,539	19	2,080	1,615	324,974
	Étrangers.	181	324	505	91,016	635	166	801	181,880	16	1,989		

STATISTIQUE.

IMPORTATIONS ET EXPORTATIONS.

ANNÉES.	IMPORTATIONS			EXPORTATIONS		
	PROVENANT DES PORTS		RÉUNIES.	à DESTINATION DES PORTS		RÉUNIES.
	français.	étrangers.		français.	étrangers.	
1860	16,941 f	233,238 f	250,179 f	6,802 f	12,157 f	18,959 f
1861	11,069	272,436	283,504	4,875	12,678	17,553
1862	12,257	253,455	265,712	7,468	17,322	24,790
1863	8,680	211,019	219,699	6,791	31,752	38,543
1864	8,560	258,049	266,609	6,290	45,274	51,564
1865	7,072	279,455	286,527	5,060	73,968	79,028
1866	8,999	346,935	355,934	4,146	77,209	81,355
1867	8,225	346,935	355,160	4,800	63,826	68,626
1868	6,922	331,456	338,378	3,712	77,011	80,723
1869	6,224	361,620	367,844	2,318	78,145	80,463

DROITS DE DOUANE.

ANNÉES.	IMPORTATIONS.	EXPORTATIONS.	ACCESSOIRES.	NAVIGATION.	TAXE DES SELS.
1860	889,600 f	33,639 f	5,853 f	302,147 f	511,659 f
1861	1,138,529	46,095	6,698	358,109	104,493
1862	1,391,226	78,260	7,478	327,296	154,393
1863	1,051,062	96,249	6,391	311,630	98,290
1864	669,327	54,129	5,579	322,745	104,489
1865	740,557	23,107	5,239	318,666	160,928
1866	917,680	101,896	5,239	354,260	125,936
1867	1,077,823	38,657	7,648	19,523	140,232
1868	1,102,101	24,544	6,256	11,196	131,655
1869	977,217	14,749	6,188	11,491	91,342

MOUVEMENT DES VOYAGEURS.

(Ce tableau ne s'applique qu'aux arrivages et aux départs par mer.)

ANNÉES.	ARRIVAGES.			DÉPARTS.		
	VOYAGEURS.	CHEVAUX.	VOITURES.	VOYAGEURS.	CHEVAUX.	VOITURES.
1860	15,879	13	4	15,023	11	3
1861	15,945	8	2	15,739	8	5
1862	16,073	17	5	16,157	15	4
1863	16,345	9	3	16,179	8	4
1864	17,027	10	1	16,845	9	»
1865	17,539	7	2	17,239	8	3
1866	16,933	11	3	16,759	8	3
1867	44,968	19	2	48,686	17	9
1868	18,160	12	»	17,969	18	5
1869	18,247	13	»	18,215	9	1

www.ingramcontent.com/pod-product-compliance
Lightning Source LLC
LaVergne TN
LVHW021746080426
835510LV00010B/1341